Elogios para

"La Universidad High Point vive ~~~ ~~~ ~~~ ~~~ ...egir ser extraordinario'. *El factor Fred*, un clásico moderno, es el libro fundamental sobre cómo lograrlo. La experiencia de Mark en liderazgo extraordinario es una de las razones por las que le pedimos que sirviera como experto residente en liderazgo de la universidad".

—Dr. Nido Qubein, presidente de la Universidad High Point

"En su vigésimo aniversario, *El factor Fred* sigue siendo una guía indispensable para transformar lo ordinario en extraordinario con una sabiduría atemporal. La cautivadora historia de Mark Sanborn sobre su cartero que convierte el tedio en una vocación es más relevante hoy que nunca".

—Skip Prichard, presidente y director general de OCLC
y autor de *El libro de los errores*

"*El factor Fred* impactó nuestra organización más que cualquier libro. La historia de Fred inspiró a nuestro equipo a considerar cómo podemos hacer que cada interacción con nuestros *fans* sea inolvidable. No necesitas estar en las oficinas de la dirección para marcar la diferencia. Fred nos muestra que las cosas más pequeñas pueden representar una gran diferencia y proporcionar un valor tremendo. Ahora, con los Savannah Bananas, buscamos esas oportunidades todos los días en el estadio".

—Jesse Cole, fundador de Fans First Entertainment
y propietario de los Savannah Bananas

"En una cultura donde el servicio al cliente y las relaciones han dado paso a la inteligencia automatizada y a la externalización, los principios clave de *El factor Fred* son incluso más relevantes hoy que hace veinte años. No hay tecnología ni servicio que pueda rivalizar con el impacto de un individuo dedicado, automotivado y orientado a triunfar".

—Bobby Bloom, director general de NewAir

"Durante casi dos décadas, desde que Fred el cartero entró en nuestras vidas a través de *El factor Fred*, su manera considerada y simple de cuidar a sus clientes ha tenido un profundo impacto en los valores y la cultura de nuestra octogenaria empresa. Desde impulsar la moral hasta alentar a nuestro equipo a mejorar continuamente y reconocer a otros que hacen lo mismo, *El factor Fred* es un elemento vital de nuestra vida diaria y ha contribuido a mejorar significativamente nuestra empresa".

—John M. Allen, presidente de Allen Associates

"*El factor Fred* ha sido fundamental en la formación de Safe Software, enfocándonos en ofrecer un excepcional servicio al cliente. Fred nos ha inspirado a apuntar más allá de la satisfacción, a construir relaciones duraderas. Esta filosofía define quiénes somos y es un testimonio de la influencia perdurable del libro y su valiosa contribución a nuestro éxito".

—Don Murray, cofundador y presidente de Safe Software

"Los Freds son agentes del cambio a través del ejemplo y consumados motivadores. Es por eso que alentamos y recompensamos a nuestra gente para que sean Freds. El resultado es una cultura escolar más fuerte donde los estudiantes se sienten seguros, valorados y queridos".

—Dra. Rhonda Caldwell, directora general de la Asociación de Administradores Escolares de Kentucky

Mark Sanborn

Mark Sanborn es orador, escritor y asesor de líderes. Enseña a los clientes cómo convertir lo ordinario en extraordinario. Es padre orgulloso de dos hijos adultos y reside con su esposa, Darla, en Highlands Ranch, Colorado.

El factor Fred

El factor Fred

Ponerle pasión a lo que haces
puede convertir lo ordinario en extraordinario

Mark Sanborn

VINTAGE ESPAÑOL

Título original: *The Fred Factor*

Originalmente publicado en inglés en diferente formato por Currency, un sello editorial de Crown Publishing Group, una división de Penguin Random House LLC, y por WaterBrook, un sello editorial de Random House, una división de Penguin Random House LLC, en 2004. Publicado originalmente en español por Vintage Español, una división de Penguin Random House Grupo Editorial, en 2007. La presente edición del 20 aniversario ha sido publicada en inglés por Crown Currency, un sello editorial de Crown Publishing Group, una división de Penguin Random House LLC, en 2024.

Esta edición: noviembre de 2024

Publicado por Vintage Español,
una división de Penguin Random House Grupo Editorial
8950 SW 74th Court, Suite 2010. Miami, FL 33156
Todos los derechos reservados.

Impreso en Colombia / *Printed in Colombia*

Información de catalogación de publicaciones disponible
en la Biblioteca del Congreso de los Estados Unidos

ISBN: 979-8-89098-192-9

24 25 26 27 28   10 9 8 7 6 5 4 3 2 1

A mis hijos, Hunter y Jack.
Me siento orgulloso de ser su padre.

A mi esposa, Darla.
Me siento bendecido de ser tu esposo.

Contenido

Prólogo a la edición del vigésimo aniversario 13
Prólogo a la primera edición 15
Introducción 17

PRIMERA PARTE: ¿QUÉ SIGNIFICA SER UN FRED?

1 El impacto de Fred 23
2 El primer Fred 31
3 La filosofía de vida de un Fred 37
4 Descubriendo Freds 45

SEGUNDA PARTE: CONVIÉRTASE EN UN FRED

5 Todos marcamos una diferencia 61
6 Las relaciones son la base del éxito 69
7 No dejar nunca de crear valor para los demás 77
8 La importancia de reinventarse con frecuencia 89

TERCERA PARTE: CÓMO LLENAR EL MUNDO DE FREDS

9   Descubrir 103
10 Recompensar 109
11 Educar 115
12 Demostrar 121

CUARTA PARTE: EL SECRETO DE LOS FREDS: HACER TODO CON EL CORAZÓN

13 ¿Qué ha sido de Fred? 129
14 El espíritu de un verdadero "Fred" 135

Apéndice: El boletín de calificaciones de un "Fred" ... 139
Agradecimientos 143

Prólogo a la edición del vigésimo aniversario

Cuando escribí el prólogo para *El factor Fred* en 2004, esto es lo que sabía:

Es una historia real, no una fábula empresarial, aunque se lee como tal.

Mark Sanborn era un orador, un escritor y un nuevo amigo que había aparecido en nuestros Maximum Impact Simulcasts.

Su libro está basado en su verdadero cartero, Fred Shea, que repartía el correo en la casa en la que entonces vivía Mark en Washington Park.

Pensé que el mensaje de elegir ser extraordinario en tu trabajo y en tu vida era muy beneficioso y edificante.

Esto es lo que no sabía:

Que el libro se convertiría en un *bestseller* casi instantáneamente, apareciendo en las listas de los libros más vendidos del *Wall Street Journal*, *New York Times*, *BusinessWeek* y *USA Today*.

Tampoco sabía que vendería más de un millón de copias en Estados Unidos, más de 750,000 copias en China, y también alcanzaría la lista de *bestsellers* en India.

Que Mark compartiría el mensaje de *El factor Fred* en todo Estados Unidos y en cinco continentes.

En resumen, en ese momento, no sabía el poderoso impacto que este libro tendría tanto en individuos como en organizaciones, y por cuánto tiempo su mensaje continuaría siendo valorado.

Y ahora estoy escribiendo el prólogo para la edición del vigésimo aniversario.

—John C. Maxwell

Prólogo a la primera edición

A medida que leía *El factor Fred*, de Mark Sanborn, me ocurrió lo que suele suceder cuando descubrimos un libro especialmente inspirador: empecé a hacer una lista mental de las personas que *deberían* tener un ejemplar.

Este pequeño pero sugestivo libro, que se basa en una historia verdadera, transmite un importante mensaje motivacional que modificará la actitud del lector hacia el trabajo y la vida. Veámoslo de esta manera: si un hombre llamado Fred, cuyo trabajo con el Servicio Postal de los Estados Unidos no tiene nada de glamoroso, puede prestar a sus clientes un servicio tan excepcional, ¿qué no podemos hacer usted y yo para ayudar a los demás y, en el proceso, obtener una profunda satisfacción personal?

Mi lista de personas que se beneficiarían con la lectura de *El factor Fred* incluye a las siguientes:

- Mis empleados y mis socios, pues revela el secreto para brindar un mejor servicio a los clientes.
- Profesionales que conozco y que ocupan posiciones directivas, pues aprenderían cómo se motiva al personal para que las empresas alcancen niveles de excelencia sin precedentes.
- Los miembros de mi familia, ya que se enterarían de los increíbles efectos de demostrar aprecio sincero a los seres queridos.
- Estudiantes universitarios, porque el libro maneja conceptos para alcanzar el éxito que no se aprenden en las aulas.

- Por último, me gustaría entregar un ejemplar del libro a todas las personas que desean convertir los momentos corrientes de la vida cotidiana en experiencias extraordinarias.

Hay cuatro principios básicos que definen el "factor Fred". No me adelantaré para no restarle emoción a la lectura del libro, pero le aseguro que si sigue al pie de la letra los consejos de Mark Sanborn y empieza a vivir "al estilo Fred", cambiará por completo la visión que tiene de sí mismo, de su valor ante los demás y de su importancia en el mundo. Y no solo ejercerá una influencia provechosa en *su* propio círculo, sino que adquirirá las destrezas para ayudar a que *otras personas* también se conviertan en "Freds".

Quizás lo que más me ha gustado de *El factor Fred* es que no se trata de otra metáfora sobre cómo vivir mejor, aun cuando las historias de ficción pueden ser muy valiosas. Lo que hace especial a este libro es que la historia de Fred es verdadera. Además, nos presenta a personas que, en diversos entornos —como un consultorio médico, un restaurante, un aula escolar y un hogar—, han marcado una diferencia en el mundo.

Insto a los lectores a hacer algo especial por los demás y por sí mismos; en otras palabras, a incorporar el "factor Fred" en su vida.

—JOHN C. MAXWELL

Introducción

Como autor, soy un estudioso de las formas de escritura que marcan la diferencia.

¿Qué libros o ideas marcan la diferencia? ¿Por qué perdura un mensaje? ¿Qué lo hace atemporal?

Hay al menos tres razones: memorable, cercano e instructivo.

Las mejores historias son memorables. Se quedan con nosotros a lo largo del tiempo, las recordamos y las compartimos con los demás. *El factor Fred* es una historia verídica, y aunque sucedió hace veinte años, como lector y admirador del libro, la recuerdo como si fuera ayer. Y garantizo que también lo harán todos los lectores que tuvieron la suerte de leer sobre Fred, el cartero de la vida real. Ahora está jubilado, pero su historia y su ejemplo siguen beneficiando a todos aquellos que aprenden de él.

Los mejores libros son cercanos. Todos podemos conectar con Fred Shea, también conocido como Fred el cartero. Es una persona común y corriente, como el resto de nosotros, pero lo que más nos inspira es cómo hacía su trabajo. Realmente convirtió lo ordinario en extraordinario y nos recuerda que nosotros podemos hacer lo mismo.

Si bien *El factor Fred* es muy inspirador, el hecho de que guía e instruye al lector es lo que lo convierte en un clásico atemporal. La inspiración nos ayuda a sentirnos mejor, pero la aplicación nos hace hacerlo mejor. Los libros instructivos no responden simplemente "¿qué?", sino también "¿cómo puedo aplicar este principio? ¿Cómo puedo ajustar esta técnica para mejorar mi trabajo? ¿Cómo puedo ser un 'Fred' literal y figuradamente?".

Como gran admirador de Fred y del factor Fred, aquí hay cinco ideas que hacen que este libro sea tan relevante hoy como lo era cuando se escribió originalmente:

Todo el mundo marca la diferencia; la única pregunta es qué tipo de diferencia marcará. Puede considerar a las personas como el camino hacia una vida con significado, gratificante y con impacto. Fred eligió impactar a las personas que lo rodean de maneras simples y poderosas, y usted también puede hacerlo.

Nadie puede impedirle elegir ser excepcional. Muchos piensan que necesitan una posición o un título especial para realizar un trabajo extraordinario, pero cada trabajo es una oportunidad para sobresalir y destacar. La clave es encontrar el significado en lo mundano y el poder en su propósito. Cuando usted despierta cada día, puede elegir buscar la excelencia y el impacto, y Fred nos muestra a todos cómo se hace esto siendo un cartero.

Todo se basa en las relaciones. Fred se tomó el tiempo para desarrollar relaciones todos los días. En un mundo de mensajes motivacionales, debemos recordar que la verdadera motivación se genera a través de las relaciones. Fred nos inspira, no por quién es, sino porque nos recuerda quiénes podemos ser cuando hacemos de las relaciones una prioridad. Fred hace que la gente quiera ser un "Fred" por la forma en la que se preocupa por las personas y la conexión que crea.

Si bien muchas cosas han cambiado en los últimos veinte años, hay algo que no ha cambiado: la naturaleza humana. No dejes que todas las peleas en la televisión y las redes sociales te engañen. En el mundo real, todavía se aprecia la amabilidad. Se valora la excelencia. Las relaciones son esenciales para la felicidad. Cuando vemos a alguien hacer su trabajo excepcionalmente bien con un espíritu amoroso, servicial y afectuoso, se destaca, y nosotros también podemos conseguirlo.

Me atrevería a decir que *El factor Fred* es más relevante y necesario hoy que cuando se publicó por primera vez hace veinte años. Es un libro que inspiró, enseñó y benefició a millones de personas a lo largo de los años, y hará lo mismo cuando usted lo lea hoy.

Entonces, mientras celebramos el vigésimo aniversario de *El factor Fred*, agradezcamos a Fred por ser Fred y a Mark Sanborn por capturar la esencia del impacto de Fred y escribir este clásico atemporal de una manera memorable, cercana e instructiva. ¡Somos mejores por la forma en que Fred hizo su trabajo y porque Mark contó su historia!

Léalo por primera vez, o léalo de nuevo; absorba los principios y aplique las lecciones.

—JON GORDON,
autor de 15 *bestsellers* incluyendo
El bus de la energía y *El carpintero*

PRIMERA PARTE

¿QUÉ SIGNIFICA SER UN FRED?

1

El impacto de Fred

Vivimos en tiempos inusuales. La inflación, la inteligencia artificial, la polarización, la pandemia, el estancamiento cultural y cambios en el momento, el lugar y la forma en que trabajamos, son solamente algunas de las fuerzas sin precedentes que amenazan nuestro sentido de realización y de éxito profesional, individual y colectivo. Hay personas que "renuncian en silencio" y se conforman con cumplir los requisitos mínimos en sus trabajos, mientras otras abandonan sus empleos en un claro signo del extendido sentimiento de agotamiento y desencanto con sus trabajos. Buscamos sentido en nuestro trabajo por encima de todo lo demás.

Fred encontró ese sentido hace décadas.

Mientras el contexto y las circunstancias cambian, la verdad nunca lo hace. Compartí una historia hace veinte años y creo que es tan relevante hoy —y quizá todavía más— como lo fue entonces.

Esto es lo que sucedió:

Mi vida cambió en un momento.

¿Sabía que un momento es oficialmente noventa segundos y que es una medida de tiempo que data de la Edad Media?

Esa fue la duración de mi primer encuentro con Fred Shea, alias Fred el cartero. Ese breve encuentro me impresionó de gran manera y una vez que usted lea el capítulo "El primer Fred" entenderá por qué.

Ni él ni yo sabíamos la trayectoria que nuestras vidas iban a tomar después de aquel encuentro hace más de veinte años.

Fred se convirtió en el cartero más famoso de Estados Unidos.

Pero no sucedió de un día para otro. Yo había enviado sin éxito media docena de manuscritos a distintos editores. Cuando una pequeña editorial se puso en contacto conmigo, mi mujer, Darla, dijo: "Escribe sobre el factor Fred. Es tu historia favorita e incluye tus mejores enseñanzas". Mi mujer es sabia y eso fue lo que hice.

Un día, Don Pape, que en aquel momento era el editor de Waterbrook Press en Colorado Springs, me invitó a almorzar para hablar de posibles proyectos editoriales. Acudí preparado con una lista de seis o siete ideas. Ninguna le gustó demasiado. Don me había escuchado en una conferencia sobre el factor Fred en un evento industrial. "¿Y qué me dices de tu cartero? ¿Esa historia? ¿No se llama Fred?".

Y así fue como Waterbrook Press, una editorial de Random House, compró *El factor Fred*.

El libro original era relativamente breve, un "libro de avión" que se podía leer fácilmente durante un vuelo. Yo había escrito libros dos y tres veces más largos y a ninguno le fue bien. Decidí que quizá mi destino era escribir libros cortos sobre grandes ideas.

Algo interesante sucedió después. Las personas de negocios compraron el libro en las tiendas de los aeropuertos y lo leían en el camino a su casa o al trabajo. No solamente apreciaron los conceptos, sino que les gustó lo suficiente como para adquirir copias para las personas de sus equipos (o amistades, o los hijos de otras personas que pensaron se podían beneficiar de esas ideas).

El libro fue traducido a veinte idiomas. Fue un *bestseller* en la India y en China al igual que en Estados Unidos, donde pasó meses en la lista de los libros más vendidos del *Wall Street Journal, Business Week, USA Today* y del *New York Times*.

El éxito del libro no se debió a mi prosa al estilo de Hemingway. (Una crítica negativa señaló que estaba escrito en un nivel de séptimo grado, así que lo verifiqué. En realidad, está escrito en un nivel de cuarto grado. Lero, lero).

Creo que el libro tuvo éxito porque hablaba de una persona normal que hacía un trabajo extraordinario. Y todos somos personas normales. Escogemos cómo vivir nuestras vidas, hacer nuestros trabajos y ocupar nuestros días, y Fred es la prueba de que usted también puede hacer todas esas cosas de manera extraordinaria.

Vivir de manera extraordinaria es una elección.

Cualquiera puede elegir ser un "Fred", pero obviamente no todo el mundo lo hace.

A menudo me preguntan: "¿Puedes convertir a alguien en un Fred?". No fui capaz de que mis hijos sacaran la basura cuando vivían en casa, así que no soy la persona más indicada para responder a la pregunta de cómo hacer que la gente haga cosas.

Conocí a Fred en 1987 y comencé a hablar sobre él en mis conferencias y seminarios poco después. En algunas ocasiones Fred me acompañó a mis eventos. Mi mujer, Darla, y yo nos convertimos en amigos de Fred y su mujer, Kathie, una amistad que aún hoy mantenemos. Cuando Fred aparecía conmigo, era como una estrella de rock. Después de mi conferencia, el público corría literalmente a saludarle y a pedirle un autógrafo. Yo era irrelevante, y así debía ser.

Desarrollé una amistad con John Maxwell a través de la compañía de la que era dueño en aquel entonces, Maximum Impact. Participé durante seis o siete años en un evento con el mismo nombre de la compañía y en uno de ellos hablé de *El factor Fred*.

Había invitado a Fred y lo presenté en el escenario. La recepción que le dieron a él y a su mensaje fueron increíbles. Creo que ese evento ayudó a aumentar las ventas.

En una ocasión Fred fue el que me presentó en una conferencia para los carteros de Estados Unidos. Se sentó en la silla del Director General del Servicio Postal de Estados Unidos. Después, recibió el reconocimiento que merecía pero que lo había eludido durante años. (Un punto importante: si quieres más Freds en tu vida, presta atención a los que ya están en ella).

No creo que a Fred le importe que les diga que no se siente cómodo en el escenario. Es una persona humilde y prefiere hablar cara a cara antes de narrar historias en un auditorio. Pero en cada ocasión que estuvo en el escenario, hizo un gran trabajo, igual que en el resto de las áreas de su vida: como cartero, esposo, padre, abuelo y ser humano.

Fred y Kathie acudieron a la fiesta de mi sesenta cumpleaños. Además de disfrutar la comida y la bebida, para muchos de los invitados tener la oportunidad de conocer a Fred en persona fue tan memorable como mi cumpleaños 60.

Fred nunca se retiró del Servicio Postal, pero para usar un término no técnico, fue "forzado a irse". Cortes de presupuesto, edad, salarios… todos esos factores conspiraron contra él y le obligaron a retirarse antes de lo que creo que hubiera querido.

Eso no detuvo a Fred. Aunque ya no hacía su ruta ni repartía el correo, continuaba demostrando su pasión y su interés por la gente. Y tuvo la oportunidad de pasar más tiempo con sus nietas y consentirlas aún más.

Lo que sucedió en los años siguientes ha sido completamente sorprendente para Fred y para mí.

Fred me dijo un día que además de su familia y el amor que siente por ellos, el libro fue la cosa más sorprendente que le había sucedido en su vida. Es importante entender que nada de lo que Fred hizo buscaba atención, realizó su trabajo por más de veinticinco años sin recibir ningún reconocimiento. Pero cuando lo recibió, lo vio como una oportunidad para dar todavía un mejor servicio.

El éxito siempre va de la mano de la crítica, y una interpretación frecuente es que el libro fue escrito para explotar a los trabajadores para conseguir que hagan más. Nada está más alejado de la verdad. *El factor Fred* no se trata de cuánto trabajo haces, sino de cómo lo haces. Es sobre la manera de aprovechar la oportunidad de encontrar y añadir sentido a tu trabajo.

Quizás tu motivación es ganar dinero y encontrar sentido, ganar dólares y a la vez marcar una diferencia. Es más difícil conseguir ambas cosas a la vez que enfocarse en una. La historia de cómo Fred lo demostró en su trabajo me inspiró a escribir este libro.

Algunos de los momentos más gratificantes de mi vida profesional han sido aquellos en los que descubrí que *El factor Fred* estaba teniendo un impacto positivo. Me dijeron, y sinceramente desearía haberlo podido corroborar, que por un tiempo The Limited, en Columbus, Ohio, usaba el libro en su entrenamiento y que, entre fotos de modelos de Victoria's Secret que colgaban en las paredes de sus oficinas centrales, había paneles con mensajes del factor Fred.

Al terminar una visita a las oficinas centrales de Zappos en Las Vegas, a los visitantes se les ofreció elegir un libro que la compañía consideraba valioso en su desarrollo, y *El factor Fred* fue uno de esos libros. Los autores Angel Au-Yeung y David Jeans cuentan en *Wonder Boy*, que narra la historia de Zappos y su director general Tony Hseih, que una persona recién contratada mostró su sorpresa cuando su gerente le dio una copia de *El factor Fred* para que lo leyera. "¿Cuándo fue la última vez que leí un libro? ¿Cuándo fue la última vez que alguien me dijo que aprendiera un trabajo además del trabajo?". Los autores dicen que en ese momento esa persona se dio cuenta de que Zappos no era un lugar ordinario para trabajar, si no uno extraordinario.

Hace algunos años, fui invitado a hablar durante la celebración del décimo aniversario de un hospital en Texas. Supe que habían elegido *El factor Fred* como el principal recurso para desarrollar su cultura *antes de comenzar la construcción del edificio*. Este es el tipo de impacto que no siempre sé que están teniendo las lecciones.

La Asociación de Administradores de Escuelas de Kentucky ha otorgado un premio Fred por más de una década. Seleccionan a los ganadores locales y los invitan a una convención estatal cada verano, donde se les reconoce todos sus méritos y uno de ellos es elegido "el Fred del año".

La ciudad de Fort Collins, Colorado, se enfrentaba a una serie de retos comerciales por la presencia de comunidades nuevas y cercanas que se estaban desarrollando, y decidieron implementar un programa Fred a nivel municipal para mejorar los servicios locales y aumentar su competitividad.

Dave Bassitt, un exejecutivo de Inland Real Estate, supo de *El factor Fred* y, como resultado, nos convertimos en amigos. Hoy guía y asesora a algunos de los mejores profesionales de las finanzas en Estados Unidos y participa en numerosos proyectos empresariales. Hasta donde sé, nadie ha regalado tantos libros ni ha promocionado el libro mejor que Dave. No es extraño que me llame para decirme que conoce a alguien que quiere encargar doscientas copias. Como resultado, su impacto es simplemente sorprendente.

Tengo gruesos archivos que contienen recortes de periódicos (antiguos), menciones de internet y cartas de personas que atestiguan la influencia de *El factor Fred*. Es la prueba de que Fred y yo seguimos teniendo un impacto positivo en la vida de otras personas, y eso me hace sentirme absolutamente encantado.

¿Cuántos más se han beneficiado? Espero que esta edición del vigésimo aniversario pueda motivar a otros a compartir sus historias con Fred y conmigo a través de mark@marksanborn.com.

Hay dos grupos de personas que han leído este libro durante los últimos veinte años: aquellos que eligieron leerlo y aquellos que tuvieron que leerlo. De esos dos grupos, a algunas personas les gustó y a otras no. Si está leyendo estas palabras, está seguramente en el primer grupo.

Ya sea que se considere un "Fred" o no, espero que escoja ser extraordinario. Es una gran manera de hacer negocios y una gran manera de vivir.

2

El primer Fred

Haz de cada día una obra maestra.

—JOSHUA WOODEN, padre de John Wooden

Conocí a "Fred" justo después de comprar mi primera casa, que fue construida en 1928 en una hermosa zona de la ciudad de Denver llamada Washington Park. Pocos días después de mudarme, oí que alguien llamaba a la puerta. Al abrir, vi a un cartero en el porche.

"Buenos días, señor Sanborn", me dijo alegremente. "Mi nombre es Fred y soy el cartero encargado de este sector. Me he detenido para presentarme y darle la bienvenida a este vecindario. También quisiera saber un poco sobre usted y su trabajo".

Fred era un hombre de complexión y estatura medianas, y tenía un pequeño bigote. Aun cuando su aspecto no era especial, irradiaba sinceridad y calidez.

Yo estaba un poco sorprendido. Como la mayoría de la gente, había recibido cartas y todo tipo de correspondencia durante años, pero nunca había tenido esa clase de encuentro personal con el cartero. La actitud de ese hombre me impresionó enormemente.

"Soy conferencista profesional. No tengo un verdadero trabajo", le dije en broma.

"Entonces, seguramente viaja a menudo", dijo Fred.

"Así es. Viajo entre 160 y 200 días al año".

Con un gesto que denotaba interés, Fred continuó. "Si me permite conocer su programa de viajes, guardaré su correo y solo se lo entregaré cuando esté en casa".

El ofrecimiento de Fred me dejó asombrado, pero le dije que ese esfuerzo no era necesario. "¿Por qué no deja el correo, sencillamente, en el buzón que hay a la entrada de la casa?", le sugerí. "Yo lo recogeré cuando regrese de cada viaje".

Frunciendo el ceño y negando con la cabeza, Fred dijo: "Señor Sanborn, los ladrones son muy listos. Ellos saben que el correo acumulado en un buzón significa que el dueño de casa no está en la ciudad. Usted podría ser víctima de un robo". ¡Fred se preocupaba por mi correspondencia más que yo! Lo que había dicho tenía sentido. Al fin y al cabo, él era el profesional en ese terreno.

"Lo que puedo hacer es no llenar demasiado el buzón, para que no se abra", continuó Fred. "Así, nadie se dará cuenta de que usted no está. Y dejaré entre la puerta de malla metálica y la puerta principal lo que no quepa en el buzón. Nadie advertirá que está allí. Y si ese sitio se llena demasiado, guardaré el resto hasta que usted regrese".

En ese punto ya había empezado a preguntarme: ¿Realmente este tipo trabaja para el Servicio Postal de los Estados Unidos? ¿Será que este vecindario tiene su propio sistema de distribución de correo? Pero como las sugerencias de Fred eran tan fantásticas, le dije que estaba de acuerdo.

Dos semanas después regresé a casa de un viaje. Cuando iba a introducir la llave en la puerta principal, noté que faltaba el tapete de la entrada. ¿Se estarían robando estos pequeños tapetes los ladrones? Entonces lo vi en un rincón del porche y noté que ocultaba algo. Cuando lo levanté, encontré una nota —¿de quién más podría ser?— ¡de Fred! Al leer su mensaje, me enteré de lo que había sucedido. Durante mi ausencia, otro servicio de entrega había dejado un paquete dirigido a mí en una dirección equivocada, no muy lejos de mi casa. Cuando Fred se dio cuenta de la equivocación, recogió el paquete, lo llevó a mi casa, le colocó la nota y luego lo cubrió con el tapete para que pasara inadvertido.

Así que Fred no se limitaba a repartir el correo, sino que ¡también corregía los errores que cometían otros servicios postales!

Todas las acciones de Fred me impresionaron. Como conferencista profesional, sé cuán fácil es encontrar ejemplos de lo que está "mal hecho" en el campo del servicio al cliente y, en general, en los negocios. En cambio, es mucho más difícil encontrar ejemplos de lo que está "bien hecho" o de lo que es digno de elogio. Sin embargo, ahí estaba Fred, mi cartero, un ejemplo inmejorable de lo que es el servicio personalizado, y un modelo para todos los que aspiren a marcar una diferencia en su trabajo.

Comencé a utilizar mis experiencias con Fred para ilustrar las conferencias y los seminarios que dicto a lo largo y ancho del país. Todos los asistentes se sentían cautivados y querían conocer más detalles acerca de él, independientemente de que trabajaran en el sector industrial, en alta tecnología o en el área de la salud.

De regreso en Denver, yo tenía de vez en cuando la oportunidad de contarle a Fred cuán inspirador era su trabajo para otras personas. Le conté, por ejemplo, sobre una mujer que estaba sumamente desmotivada pues, a pesar de trabajar duro, su jefe nunca le dirigía una palabra de aliento o reconocimiento. Ella me había enviado una nota en la que decía que el ejemplo de

Fred la había motivado a "no darse por vencida" y a continuar haciendo lo que sabía en el fondo de su corazón era lo correcto, sin importar si obtenía o no la aprobación de su jefe.

También compartí con Fred una experiencia muy especial. Al terminar una conferencia, un gerente me confesó que acababa de reconocer que, desde muy joven, su meta profesional había sido "convertirse en un Fred". Él creía que, en cualquier negocio o profesión, la meta de todos los hombres y mujeres debería ser la excelencia y la calidad.

Me dio muchísimo gusto contarle a mi cartero que varias compañías habían creado el "Premio Fred" para los empleados que demostraran en el trabajo su característico espíritu de servicio, innovación y compromiso.

Y, como si lo anterior fuera poco, una admiradora de Fred le envió, a mi dirección, una caja de galletas hechas por ella en casa.

La primera Navidad después de conocer a Fred, quise agradecerle más formalmente su increíble manera de servirme y le dejé un regalo en el buzón. Al día siguiente encontré allí mismo una carta distinta a todas. El sobre tenía sello, pero carecía de matasello. Al fijarme en el nombre del remitente, vi que era de Fred el Cartero.

Fred sabía que era ilegal poner una carta sin matasellos en el buzón. Por eso, aunque él mismo lo había llevado desde su casa hasta la mía, había hecho lo correcto: le había colocado un sello.

Su carta decía: "Estimado señor Sanborn: Gracias por pensar en mí en esta Navidad. Me enorgullece mucho saber que usted habla de mí en sus seminarios y espero seguir prestando un servicio excepcional. Atentamente, Fred el Cartero".

Durante los diez años siguientes, Fred desempeñó su trabajo de una manera extraordinaria. Yo sabía qué días él no había estado encargado de mi calle por la forma como se apilaba el correo en mi buzón. Cuando él estaba a cargo, yo encontraba mi correspondencia cuidadosamente organizada.

Pero eso no era todo. Él también se interesaba por mí. Un día en que me encontraba cortando el césped, un vehículo se detuvo en la calle. El conductor bajó la ventanilla y una conocida voz saludó: "Buenos días, señor Sanborn. ¿Cómo le fue en su viaje?".

Era Fred. Aunque no estaba de servicio, había decidido dar una vuelta por mi vecindario.

Tras observar la actitud de Fred y su singular forma de actuar, llegué a la conclusión de que él, y la manera como realiza su trabajo, son un símbolo de la excelencia en el siglo XXI. Tanto él como los muchos otros Freds que he conocido y que me han prestado algún servicio desde sus numerosas y diferentes profesiones, me sirvieron de inspiración para escribir *El factor Fred*. Este libro contiene las sencillas pero profundas lecciones que todos los Freds del mundo me han enseñado.

Cualquier persona puede ser un Fred. ¡Incluso usted! Y el resultado de convertirse en un Fred no se limita a lograr éxitos en el trabajo. En la vida personal también se experimentan cambios extraordinarios.

3

La filosofía de vida de un Fred

Hagas lo que hagas, hazlo bien.

—ABRAHAM LINCOLN

L a verdad es transferible. Por eso, en este libro me referiré con frecuencia a conceptos que, en mi opinión, constituyen la esencia del factor Fred. Dichos conceptos se pueden aplicar a nuestra vida personal y laboral. A continuación, expondré de manera resumida los cuatro principios que aprendí de Fred el Cartero. Considero que independientemente de la profesión, la situación y el momento, todo el mundo puede ponerlos en práctica.

PRINCIPIO 1: TODOS, SIN EXCEPCIÓN, MARCAMOS UNA DIFERENCIA

No importa cuán grande y eficiente o, incluso, cuán ineficiente es una empresa. Un solo individuo puede hacer la diferencia. Por ejemplo, *usted*. Un empleador mediocre no solo puede obstaculizar un desempeño excepcional, sino que puede hacer caso omiso de este y no propiciarlo. O un empleador excelente puede capacitar a sus empleados para que su desempeño sea excepcional, y luego recompensarlos. Pero, ante todo, el empleado es el único que puede decidir hacer su trabajo de una manera extraordinaria, sean cuales sean las circunstancias.

Piense en lo que sigue. ¿Le interesa aportar algo positivo a sus clientes y compañeros de trabajo o solo le interesa sacar provecho de ellos? ¿Contribuye usted a que su organización se acerque a sus metas o a que se aleje de ellas? ¿Hace su trabajo de cualquier modo o de una manera excepcional? ¿Aligera usted la carga de sus compañeros o la hace más pesada? ¿Es usted de esas personas que motivan a los demás o, por el contrario, de las que con su negativismo generan desaliento?

Nadie puede impedirle elegir ser excepcional. Al fin y al cabo, lo único que cuenta es la diferencia que usted marque.

Gracias a sus muchos años de experiencia en liderazgo, Fred Smith, el conocido autor y líder empresarial, ha llegado a la conclusión de que "la mayoría de la gente desea con todas sus fuerzas sentirse valiosa".

Estoy de acuerdo. Pensemos en el ejemplo de Fred el Cartero. Mientras que muchos individuos piensan que repartir correo es una labor pesada y monótona, Fred siempre ha tomado ese trabajo como una oportunidad para hacer más fácil y agradable la vida de sus clientes. Él eligió marcar una diferencia positiva.

Martin Luther King, Jr. dijo: "Si un hombre está destinado a ser barrendero, debe barrer las calles tan impecablemente como Miguel Ángel pintó, o como Beethoven compuso su música o como Shakespeare escribió sus poemas. Debe hacer su oficio tan bien, que en el cielo y en la Tierra todos digan: 'Aquí vivió un barrendero de calles que hizo bien su trabajo'".

Fred el Cartero entendía esto. Él es una prueba de que no existen trabajos insignificantes ni ordinarios cuando personas valiosas y extraordinarias los realizan.

Los políticos suelen decir que el trabajo dignifica al hombre y yo estoy de acuerdo con esta afirmación. Es importante tener trabajo y los medios para mantenerse y mantener a la familia. Pero esta es apenas la mitad de la ecuación. En lo que no se ha puesto suficiente énfasis es en que *las personas* dignifican el trabajo. *No existen trabajos insignificantes, sino personas que se sienten insignificantes realizando su trabajo.* Quizás por ese motivo B. C. Forbes, el legendario fundador de la revista *Forbes*, dijo: "Produce más satisfacción y reconocimiento ser un camionero de primera clase que un ejecutivo de quinta clase".

He conocido taxistas con más empeño en hacer bien su trabajo que algunos gerentes del más alto nivel, a quienes esforzarse los tiene sin cuidado. Mientras que la posición nunca determina el desempeño, el desempeño definitivamente determina la posición en la vida. Esto se debe a que la posición se basa en resultados más que en intenciones. Se trata de actuar más que de hablar.

Sobresalir conlleva dificultades frente a quienes se contentan con formar parte del montón. Soportar la crítica de quienes se sienten amenazados por nuestros logros no depende del título, sino de la actitud. Cuanto más valioso sea usted para la gente, es decir, cuanto más valor genere en su trabajo o en sus interacciones, tanto más exitoso será. Un factor clave para la satisfacción profesional es hacer las cosas de la mejor manera posible, sin reparar en la recompensa, el apoyo o el reconocimiento.

Principio 2: El éxito se basa en las relaciones

Durante toda mi vida, el Servicio Postal de los Estados Unidos se ha encargado de colocar en el buzón de mi casa la correspondencia dirigida a mí. Esto significa que he recibido justo lo que se puede esperar de la tarifa postal; nada más, nada menos.

En cambio, el servicio que he recibido de Fred el Cartero ha sido superior en muchos sentidos, el más importante de los cuales ha sido mi relación con él. Esta relación ha sido distinta de la que he tenido con los demás carteros, antes o después de llegar Fred a mi vida. De hecho, él es el único con el que he mantenido una relación personal.

No es difícil captar por qué Fred se ha destacado sobre todos los demás carteros. Las personas indiferentes prestan un servicio impersonal. El servicio se vuelve personalizado cuando existe una relación entre el proveedor y el cliente. Fred dedicó tiempo a conocerme y a conocer mis necesidades y preferencias. Luego, utilizó esa información para prestar un servicio mejor del que yo jamás había recibido. ¿Es usted capaz de hacer lo mismo?

Fred es la prueba de que, en cualquier trabajo o negocio, el objetivo más importante es construir buenas relaciones con la gente. Esto se debe a que la calidad de la relación determina la calidad del producto o del servicio. Por eso

- los líderes tienen éxito cuando reconocen que sus empleados son humanos;
- la tecnología tiene éxito cuando reconoce que los usuarios son humanos; y
- los empleados como Fred el Cartero tienen éxito cuando reconocen que su trabajo implica interactuar con seres humanos.

Principio 3: Debemos crear valor continuamente para los demás sin que cueste un centavo

¿Suele quejarse usted de que no tiene suficiente dinero? ¿O la capacitación necesaria? ¿O las oportunidades adecuadas? En otras palabras, ¿considera que carece de los recursos necesarios para desempeñarse a un nivel más alto?

Piense en Fred. ¿De qué recursos disponía él? De un sencillo uniforme azul y una bolsa repleta de correo. ¡De nada más! No obstante, recorría las calles de un lado a otro con su corazón y su mente enfocados en las posibilidades. Su imaginación le permitía generar valor para sus clientes sin gastar un solo centavo. Sencillamente, pensaba más y con mayor creatividad que otros carteros.

Al actuar así, Fred llegó a dominar la habilidad más importante del siglo XXI desde el punto de vista del trabajo: crear valor para los clientes sin invertir más dinero.

Usted también puede reemplazar el dinero con imaginación. El objetivo no es gastar más que sus competidores, sino pensar mejor que ellos.

He conocido a muchas personas preocupadas por la posibilidad de perder su empleo como resultado de los recortes de personal, y siempre les digo que dejen de preocuparse. Mi indiferencia las deja atónitas. En realidad, mi intención es que dejen de preocuparse por encontrar empleo y se concentren en ser "empleables".

En la economía actual, es normal que quienes han completado la escuela secundaria o una carrera universitaria queden desempleados varias veces durante su vida laboral. Sin embargo, cuando la persona es empleable, esos períodos suelen ser breves. Ser empleable significa que la persona cuenta con un conjunto de habilidades que la hacen valiosa para cualquier empleador, sea cual sea el campo de trabajo o la ubicación geográfica.

¿Cómo debe ser ese conjunto de habilidades? Estoy convencido de que, de los muchos factores que hacen empleable a un individuo, el fundamental es la posibilidad de crear valor para los clientes y colegas sin gastar dinero. El secreto es reemplazar el dinero con imaginación y el capital con creatividad.

De acuerdo con la Máxima de Sanborn, cuanto más rápido tratemos de resolver un problema con dinero, tanto menos probable es que esa sea la mejor solución. Con suficiente dinero, cualquiera puede salir de apuros. El reto está en pensar mejor que la competencia, no en gastar más que la competencia.

En el mundo de los negocios, la competencia suele estar dentro de la organización o fuera de ella. Pero hay ocasiones en que se encuentra en ambos sitios. Por ejemplo, usted quizás está compitiendo por una posición más alta en su departamento o en su compañía. Si bien el decoro profesional le impide expresar su deseo con total franqueza, espera que el mejor hombre o la mejor mujer se quede con ese puesto, y está luchando para probar que esa persona es usted.

O tal vez su competencia es alguien totalmente ajeno a su compañía que está a la espera de una oportunidad. Una vez dicté una conferencia copatrocinada por una empresa de correos que consideraba al Servicio Postal de los Estados Unidos como un competidor, y me prohibieron utilizar la historia de Fred. (Me pareció sumamente extraño que la compañía me impidiera utilizar a Fred como ejemplo del tipo de servicio que aspiraba a que sus empleados prestaran, pero eso es tema de otro libro.) Como el empleador de Fred compite con muchas otras empresas porteadoras, con su actitud, Fred contribuye al éxito de su compañía. En cambio, un empleado con una actitud diferente podría entorpecer el éxito de la misma empresa. La mayoría de los empresarios reconocen que Fred es el tipo de empleado que representa una ventaja competitiva.

No creo que Fred (o su empleador) haya pensado en la competencia en el sentido tradicional. Fred es la prueba viviente de que existe un competidor menos visible: *el trabajo que habríamos podido realizar*. De hecho, todos los días competimos contra nuestro propio potencial. Pero la mayoría de la gente nunca llega a ser lo que podría ser, ni a hacer aquello de lo que es capaz.

Es posible que nunca llegue a comprender qué impulsa a Fred a prestar un servicio tan excepcional, pero sospecho que sus principales motivaciones son la satisfacción que experimenta y la alegría que su forma de trabajar invariablemente les proporciona a sus clientes.

Al final de cada día, Fred ha derrotado a un adversario silencioso que amenaza su potencial, como amenaza el de mis lectores y el mío. Ese competidor es la mediocridad, es decir, la tendencia a hacer apenas lo necesario y ni un ápice más.

Aunque la mediocridad no impide aspirar a un ascenso ni hace bajar el precio de las acciones en la Bolsa, sí afecta la calidad del desempeño y la satisfacción que se deriva de él.

Principio 4: Todos tenemos la capacidad de reinventarnos con regularidad

Si Fred pudo imprimirle tanta originalidad a su oficio de repartir correo, ¿qué no podremos hacer usted y yo para mejorar nuestros respectivos trabajos e innovarlos? ¿Cómo podríamos reinventarnos y reinventar nuestro trabajo? Vale la pena reflexionar sobre estos interrogantes.

Hay días en que uno se levanta desmotivado; en que piensa que ya leyó los libros, escuchó las grabaciones, vio los vídeos y asistió a las sesiones de capacitación. En que considera que ya hizo todo lo que podía para lograr la excelencia… pero sigue desalentado, desmotivado. ¿Qué puede hacer usted cuando siente que su compromiso profesional está flaqueando y solo desea cumplir e irse a casa al final del día?

A continuación le contaré lo que yo hago en esos casos: pienso en el hombre que solía llevarme la correspondencia. Porque si Fred aplicaba a su trabajo de cartero tanta creatividad y compromiso, yo puedo hacer lo mismo, o más, para reinventar mi trabajo y reavivar mi esfuerzo. Pienso que independientemente del trabajo que tengamos, de la posición que ocupemos en la empresa y del sitio donde vivamos, cada día representa un nuevo comienzo. En nuestras manos está decidir lo que queremos hacer de nuestro trabajo y de nuestra vida.

Esto es lo que yo llamo el factor Fred.

4

Descubriendo Freds

En la vida de todos siempre llega un momento especial,
una oportunidad única que, si aprovechamos, nos permite cumplir
la misión para la cual hemos nacido. En ese momento encontramos
la grandeza. Esa es nuestra mejor hora.

—WINSTON CHURCHILL

Ahora que usted conoce las cualidades de un típico Fred, comprenderá por qué disfruto descubriendo Freds por todas partes.

Una mañana en que conducía al Aeropuerto Internacional de Denver, me detuve en una cafetería Starbucks —de la que soy cliente asiduo— para comprar una gran taza de humeante y fresco café.

De nuevo en la carretera, capté que tenía un problema: como mi automóvil no tenía transmisión automática, debía utilizar una mano para conducir y la otra para accionar la palanca de cambio de velocidad. Coloqué el café en la consola central para poder hacer un cambio. ¿Qué probabilidad había de que el café se derramara?

Una probabilidad bastante alta. De repente, una gran mancha cubrió mis *jeans* de color azul claro desde la rodilla hasta la cadera. En el aeropuerto compré un producto que le apliqué al pantalón, y lo sequé con el secador de manos del baño. Pero a pesar de mis esfuerzos, seguía viéndome como un desastre.

Tan pronto como me registré en el Hotel Marriott del aeropuerto de Atlanta, me comuniqué con el departamento de ama de llaves. "Estos *jeans* manchados son los únicos pantalones que traje", le expliqué a la supervisora. "¿Será posible que los laven por la noche, de modo que me los pueda volver a poner mañana temprano?".

Demostrando preocupación por la situación en que me hallaba, me informó que el personal ya había terminado la jornada. Pero agregó que tendría mucho gusto en recoger los pantalones más tarde, llevarlos a su casa, lavarlos y devolvérmelos temprano al día siguiente.

Le agradecí ese amable ofrecimiento y acepté.

A la mañana siguiente, esa increíble mujer dejó el pantalón en la puerta de mi habitación, perfectamente lavado y planchado.

Todavía lamento no haberle preguntado su nombre (pero envié una carta al hotel elogiándola). Aunque nunca supe cómo se llamaba, sé que ella es, definitivamente una "mujer Fred".

Desde que conocí a mi cartero, me he percatado de que en todas partes hay Freds… y Freds en potencia. Cada vez me convenzo más de que estas personas no son tan escasas como solía creer, y de que todas tienen su propio estilo. Veamos algunos Freds que he conocido.

UN FRED DIVERTIDO

Los pasajeros del vuelo de las seis de la mañana de Denver a San Francisco por lo general no están de muy buen humor. Por experiencia sé que lo único que se oye en ese vuelo es un ocasional ronquido. Pero, por supuesto, eso puede cambiar dependiendo del auxiliar de vuelo.

En una ocasión, una azafata simpática e ingeniosa divirtió a los pasajeros con una serie de anuncios muy poco ortodoxos.

"Si están luchando para que sus oídos se destapen, les sugiero que den un gran bostezo", comenzó diciendo. "Y si les cuesta mucho trabajo bostezar, díganmelo y les contaré sobre mi vida amorosa".

"Nos estamos aproximando al aeropuerto de San Francisco. Si su destino final es esta ciudad, les deseo que lleguen bien a casa. Hay embotellamientos en la autopista 101 y parece que un automóvil está bloqueando la salida a la calle Market. Por lo demás, el tránsito está fluyendo normalmente".

Para ese momento, los pasajeros ya no se veían adormilados, sino despiertos, y por todo el avión se escuchaban risas. Cuando aterrizamos, la azafata nos dio una última muestra de buen humor. "A menos que sus vecinos de asiento me hayan ganado, permítanme ser la primera en darles la bienvenida a San Francisco. Notarán que los edificios del aeropuerto están lejos y que no nos hemos detenido en el terminal. La razón es que no queremos asustar a la gente que se encuentra allí. Por eso, rodaremos un buen trecho. No se levanten de sus sillas mientras no nos hayamos detenido por completo y los avisos que hay sobre sus cabezas no se hayan apagado.

"A los pasajeros premium, a los pasajeros frecuentes, a... bueno, a todos ustedes porque no los puedo nombrar uno a uno, les agradecemos que hayan elegido a United para este viaje. Y si, al desembarcar, me entregan una fotografía reciente, tendré mucho gusto en enviarla a sus seres queridos para que no los olviden.

"Mi último deseo es que salgan del avión con una gran sonrisa. Así, la gente que está en el aeropuerto se preguntará qué es lo que hacemos allá arriba en el cielo".

Lo que esta "mujer Fred" hizo fue asumir algunos riesgos y divertirse. El resultado fue que los pasajeros —o, más bien, sus "clientes"— también pasaron un buen rato.

Un Fred confiable

Jack Foy trabaja como auditor nocturno en Suites Homewood de Worthington, Ohio. La víspera del Día del Padre, una señora cuyo marido estaba alojado allí llamó para pedir un favor especial. Le dijo a Jack que, con motivo del Día del Padre, la hija de su esposo quería que él disfrutara de su desayuno favorito, que consistía en *pancakes*, huevos y tocineta.

El único problema era que en las Suites Homewood no hay restaurante. Así que cuando Jack concluyó su turno, a las siete de la mañana, fue a un restaurante cercano y compró ese desayuno especial. También compró una tarjeta y escribió con una crayola: "Para Papá de su hijita que lo ama". Luego, regresó al hotel y le llevó su desayuno favorito a ese sorprendido y agradecido huésped.

Pero eso no fue todo. Como resultado del extraordinario servicio que Jack le prestó, ese cliente le dio al hotel un importante contrato. Contabilidad con valor añadido.

¡Ese es el poder de un Fred!

Un Fred generoso

Me acababa de registrar en el Hotel Crown Plaza de Columbus, Ohio, cuando descubrí que no tenía suficiente dinero en efectivo para pagar el taxi al aeropuerto a la mañana siguiente. Esto sucedió antes de que existieran compañías como Uber o Lyft. El recepcionista me dijo que el hotel no me podía dar ningún avance en efectivo sobre mi tarjeta de American Express y, desafortunadamente, yo no había llevado mi tarjeta del cajero automático. Sin embargo, me comentó que algunas compañías de taxis aceptaban pago con tarjeta de crédito. Pero como mi conferencia terminaría a las nueve de la mañana y me urgía tomar el vuelo de las 9:40, temía perderlo mientras conseguía el taxi y hacía el papeleo.

Mis preocupaciones no acabaron ahí. Como la llave de la habitación no funcionaba, me dirigí al teléfono interno del hotel, que está justo frente al bar. El barman se dio cuenta de que yo estaba haciendo una llamada telefónica y de que todavía andaba con todo mi equipaje.

"¿Tiene algún problema?", me preguntó, y a continuación se presentó como Nick. Le dije que la llave de mi habitación no funcionaba.

"Yo me ocuparé de eso", me dijo, y luego me preguntó: "¿Le gustaría tomar algo? Es invitación mía por este inconveniente". Acepté y disfruté de un trago y algunos refrigerios mientras Nick pedía que me enviaran otra llave.

Nick era tan servicial, que decidí contarle la inquietud que tenía. Tras escucharme, dijo: "Si no encuentra ninguna solución, búsqueme y yo le ayudaré".

Nick me informó que su turno acabaría a las siete de la mañana y me preguntó: "¿Desea que lo llame antes de irme a casa para saber si consiguió el dinero que necesita?". Le dije que se lo agradecería mucho.

Ya en mi habitación, pasé los 40 minutos siguientes hablando por teléfono con mi oficina, mi banco y American Express. Pero nada dio resultado. En el banco me dijeron que no podían hacer absolutamente nada y en American Express, que sí podían suministrarme efectivo, pero mediante un operativo tan complicado como el del Día D. Entonces, decidí recurrir a Nick.

"Me siento avergonzado, Nick", le confesé. "He viajado por todo el mundo y, en 20 años, solo me he quedado sin dinero dos veces. No me gusta tener que pedir, pero ¿podría prestarme 20 dólares?".

"¡Con mucho gusto! Estas cosas suceden", dijo sin dudarlo un instante. Y abriendo su billetera, agregó: "Aquí tiene 30 dólares". Yo traté de explicarle que solo necesitaba 20.

"No, no; quédese con 30 dólares", insistió. "Uno nunca sabe qué más puede necesitar". Intercambiamos direcciones y le prometí enviarle el dinero tan pronto como llegara a casa.

No solo quedé agradecido con Nick, sino también impresionado por su generosa ayuda. Un problema que no me pudieron resolver con la rapidez necesaria ni American Express, ni Norwest Bank, ni mi propia oficina, lo solucionó un hombre cuyo único deseo era servir.

Treinta dólares no es una suma demasiado grande, pero tampoco demasiado pequeña, especialmente cuando salen del propio bolsillo. Nick nunca me había visto y no había razón para que creyera que me volvería a ver o que tendría noticias mías. Él comprendía los riesgos que entraña ser útil a los demás, pero eso no le impidió asumirlos.

Cuando llegué al día siguiente a mi oficina, le envié a Nick por correo un cheque, junto con algunos de mis libros y vídeos para expresarle mi gratitud.

¿Le habrá ayudado Nick a algún cliente que no solo no le dio las gracias, sino que tampoco le devolvió el dinero? No lo sé. Pero tengo la impresión de que, independientemente de la manera como hayan actuado quienes salieron de aprietos gracias a él, Nick seguirá ayudando.

Creo esto de Nick porque estoy seguro de que él conoce algunas verdades fundamentales acerca de la vida. Él sabe que para vivir con alegría y tener éxito debemos enfocarnos en dar, más que en recibir. Nick sabe que uno no hace lo correcto solo porque tiene que hacerlo, sino porque es lo correcto por hacer. También sabe que servir no es una obligación, sino una oportunidad. Por último, él sabe que ayudar produce más satisfacción que recibir ayuda.

Puede sonar extraño, pero me alegra haberme quedado sin dinero. Esa situación no solo me permitió conocer a Nick, sino que me llevó a reflexionar de nuevo sobre esas verdades fundamentales y a desear compartirlas con usted.

Un Fred famoso

A principios de la década de los 50, en el Bronx era difícil encontrar empleo durante el verano. No obstante, el joven Colin estaba decidido a ganar el dinero que necesitaba. Todos los días muy temprano se presentaba en Teamsters Hall para ofrecerse como voluntario en trabajos de un día. A veces lo empleaban como ayudante de un camión repartidor de refrescos. En una ocasión lo contrataron para limpiar el pegajoso sirope de una planta de Pepsi, un oficio que ningún otro chico quería hacer. Colin se desempeñó tan bien que le insistieron en que volviera el año siguiente. Entonces, le encargaron manejar una máquina embotelladora, en lugar de un trapeador. Al final de ese verano, ya lo habían ascendido a jefe de turno.

Esa experiencia le enseñó una importante lección. "Todos los trabajos son honorables", escribió en sus memorias. "Debemos hacer siempre las cosas de la mejor manera porque alguien puede estar observándonos".

Años más tarde, el mundo vio a Colin Powell servir como presidente del Estado Mayor Conjunto, liderar la iniciativa militar de la Guerra del Golfo y erigirse en defensor de la educación. En el año 2000 fue nombrado Secretario de Estado por el presidente electo, George W. Bush.

MÁS FREDS

Veamos otros Freds que podrían aspirar al Salón de la Fama:

- Una mesera acababa de terminar su turno en el restaurante Morton's de Chicago. Al llegar al estacionamiento, vio que un cliente del restaurante tenía dificultades para cambiar una llanta. "Déjeme ayudarle", le dijo ella. En pocos minutos, esta emprendedora mujer cambió la llanta, dejándole a ese cliente una excelente impresión.

- En un vuelo a Orlando, un simpático auxiliar de vuelo se puso una gorra de Goofy e invitó a los chiquillos que iban a bordo a pasar a la parte delantera del avión, donde hizo trucos de magia para entretenerlos. Y una de las azafatas se sentó en el suelo con un niño en el regazo, proporcionándoles a sus padres un rato de merecido descanso.

- En la estación de esquí Crested Butte Mountain, un empleado reparó el automóvil de un esquiador en el estacionamiento. Después de su trabajo, y utilizando un permiso especial, otro empleado cortó un árbol para que una familia que estaba pasando allí las vacaciones de fin de año pudiera disfrutar de un árbol de Navidad.

- Una amiga mía fue al cine recientemente, pero olvidó llevar la billetera. Al preguntarle a un empleado si podía pagar el boleto con un cheque, la respuesta fue que no se preocupara y que lo podía pagar la próxima vez que estuviera por el área. Cuando ya se había acomodado en la sala, el mismo empleado le llevó, como una atención personal, una bolsa de palomitas de maíz y un refresco. ¿Con qué frecuencia va mi amiga a ese cine? Cada vez que tiene la oportunidad.

- Una vez que iba a viajar de Denver a Filadelfia tuve una experiencia bastante desagradable. Como, en el aeropuerto, el personal de la aerolínea no pudo —o no quiso— ayudarme, decidí llamar al número gratuito para viajeros frecuentes y solicitar la intervención de un supervisor. La persona que me atendió demostró una gran empatía e hizo todo lo que estuvo a su alcance para que yo pudiera tomar el vuelo de la noche. Aunque le agradecí mucho su colaboración, lo que más me impresionó fue que al día siguiente ¡llamó a mi oficina para asegurarse de que yo hubiera llegado bien!

De hecho, hay Freds por todas partes. Estoy seguro de que usted ha conocido varios.

Pues bien; ha llegado el momento de hacer una pregunta crucial: ¿Está listo para ser un Fred? Si lo está, ¡siga leyendo!

SEGUNDA PARTE

CONVIÉRTASE
EN UN FRED

Después de leer hasta aquí, usted tal vez se está diciendo: "Ojalá yo conociera más gente como Fred el Cartero, o viviera y trabajara con más personas como él". A todos nos haría bien que el mundo estuviera poblado por millones de Freds; gente que se enorgullece de su trabajo y que convierte lo ordinario en extraordinario.

¿Cuántos "Freds" hay en su organización? ¿Alguna vez deseó que hubiera más personas con esas características? ¿Lamenta que algunos de sus compañeros de trabajo sean la antítesis de Fred?

¿Qué puede hacer usted para que haya más Freds en el mundo? La respuesta es muy sencilla: ¡Convertirse en *un Fred!*

Todo empieza por uno mismo. Si usted quiere que haya más Freds, vuélvase un Fred. Cuando usted convierta lo ordinario en extraordinario, los demás se darán cuenta de que ellos también tienen esa posibilidad.

Convertirse en un Fred no es muy difícil. De hecho, es más difícil *no* ser un Fred. Las condiciones y habilidades que nos convierten en Freds suelen darse de manera natural porque se derivan de lo que ya somos. Si usted no tuviera interés (o, más exactamente, el deseo ferviente) en sacar el mejor partido de su profesión y de sus relaciones, no habría leído hasta aquí.

Todos los seres humanos compartimos el deseo sincero de sentirnos valiosos. Nunca he conocido a nadie que quisiera sentirse insignificante. Todos deseamos ser tenidos en cuenta y saber que lo que hacemos cada día no es sencillamente un medio para ganarnos la vida, sino una forma de darle sentido a nuestra vida. Las personas más desdichadas son, posiblemente, las que trabajan en algo que detestan porque necesitan el dinero. ¿Por qué no trabajar en algo que nos *fascine* porque necesitamos el dinero?

Usted puede transformar su trabajo en algo que le fascine, pero no cambiando de ocupación, sino haciendo de otra manera el trabajo que ya tiene.

Esto es lo que hacía de Fred un ser único. Miles de hombres y mujeres reparten correspondencia. Para algunos, se trata "solamente de un trabajo"; para otros, de una labor que disfrutan. Pero, para unos pocos, como Fred, repartir el correo se vuelve una vocación.

La diferencia entre lo trivial y lo importante depende de la persona que hace el trabajo.

USTED ELIGE

Qué prefiere usted, ¿la alegría o la desdicha? ¿Disfrutar su trabajo o detestarlo? ¿Ser usted mismo o vivir ocultando su verdadera esencia? Es más difícil ser infeliz, negativo y falso que ser feliz, positivo y auténtico. Todos los Freds comparten estas últimas características, sea cual sea su trabajo.

La mayoría de la gente cree que la clave del éxito es aprender cosas nuevas. Pero yo opino que alcanzar el éxito no es tan difícil ni requiere medidas sofisticadas. Aun cuando hay muchas maneras de lograrlo, considero que una de las principales es pasarla bien trabajando de la mejor manera posible.

Lo único que hace falta es rescatar lo que siempre hemos sabido o lo que aprendimos desde pequeños, y empezar a aplicarlo a la vida personal y laboral.

HAGA LO CORRECTO POR EL MOTIVO CORRECTO

He aquí un misterio: cuando esperamos recibir elogios y manifestaciones de gratitud, pocas veces los obtenemos. No sé por qué ocurre esto, pero la vida demuestra una y otra vez que cuando la motivación para hacer las cosas bien es recibir elogios o agradecimiento, generalmente terminamos sintiéndonos decepcionados. En cambio, cuando hacemos lo correcto sabiendo que la recompensa estriba, precisamente, en hacer las cosas de ese modo, experimentamos una gran satisfacción, recibamos o no muestras de agradecimiento. Así, el reconocimiento de los demás será un complemento y no la base de nuestra felicidad.

SUS POSIBILIDADES SON ILIMITADAS

A la gente le encanta escucharme hablar sobre Fred el Cartero, y pienso que esto se debe a que su historia abre la mente a nuevas posibilidades y nos hace tomar conciencia de nuestras potencialidades. Mientras que la excelencia, la sabiduría y la dedicación forman parte del mundo de Fred, en él no caben la mediocridad, la insensatez y la falta de compromiso que son tan comunes hoy en día.

Los Freds son un recordatorio de que todos podemos elegir modelos de conducta positiva. Ellos sirven de estímulo y ejemplo para sus compañías, sus compañeros de trabajo, clientes, amigos y familiares. Ver las muchas maneras en que se puede lograr la excelencia en el trabajo despierta el deseo de convertirse en otro Fred. Y, entonces, algo maravilloso sucede: se recupera la energía perdida, el escepticismo es reemplazado por el entusiasmo y la pasividad, por la acción. La satisfacción que reporta el hecho de ser un Fred se transforma en el motor que impulsa nuestros esfuerzos.

5

Todos marcamos una diferencia

Todos los seres humanos somos importantes. Usted lo es; yo lo soy.
Desde el punto de vista de la teología, esto es lo más difícil de creer.

—G. K. CHESTERTON

Era una bella mañana de primavera en Cincinnati. Como no tendría que hablar hasta la tarde, salí del hotel y me dirigí a una cafetería cercana. Después de pagar una taza de café, me senté en una mesa que había en la acera y me dediqué a leer el periódico. Pasé los 20 minutos siguientes disfrutando de la lectura y de un excelente café.

Muy cerca había una fila de taxis y vi que de uno de ellos se bajaba una mujer mayor. Indudablemente, era quien lo conducía. Después de hacer una serie de movimientos para estirar las piernas, echó una mirada a la cafetería. No había que ser clarividente para captar que tenía la intención de entrar. Me levanté de la silla y me acerqué a ella. "¿Desea una taza de café?", le pregunté.

"¡Me encantaría!", respondió.

"¿Cómo le gusta?".

"Negro". Evidentemente era una fanática del café.

Entré a la cafetería, me serví otro café y pagué el de la taxista. Cuando se lo iba a entregar, vi que estaba buscando monedas en sus bolsillos.

"No se preocupe por eso", le dije. "Yo invito".

Recogí el periódico y empecé a caminar hacia el hotel, no sin advertir un gesto de asombro en el rostro de la mujer.

El dólar que me costó el café para aquella mujer fue el dinero mejor invertido de ese día. Haberme comportado como un Fred me llenó de satisfacción. Y quizás le serví de inspiración a alguien… ¿por qué no?

¿SE LEVANTÓ ESTA MAÑANA CON LA INTENCIÓN DE CAMBIAR EL MUNDO?

Admitir que hemos comenzado el día pensando en cambiar el mundo puede parecer un delirio de grandeza. No obstante, creo que uno cambia el mundo todos los días, con intención o sin ella. A menudo, solo se requiere una acción pequeña y sencilla para marcar una gran diferencia.

Usted cambia el mundo de su cónyuge o de sus hijos dependiendo de la manera como interactúa con ellos antes de salir de casa. Dedicarles un poquito más de tiempo o tener para con ellos un gesto de ternura cambia su mundo ese día. Y a usted le recuerda lo que de verdad importa en la vida, cuando los afanes y las molestias diarias tienden a hacerle perder la perspectiva.

Usted cambia el mundo de otro conductor cuando le permite cambiar abruptamente de carril y no toca la bocina, indicando que reconoce que él también es humano y falible. También cambia su mundo, pero en sentido contrario, si reacciona prendiéndose de la bocina y haciéndole gestos groseros.

Sonriendo o frunciendo el ceño, usted también puede cambiar el mundo de un compañero de trabajo, un cliente, un proveedor o un empleado de cafetería.

De acuerdo; no estoy hablando de cambios dramáticos. De cambios con la capacidad de modificar el curso de los acontecimientos mundiales o de dar con la cura del sida. Pero, ¿quién puede afirmar que esos pequeños cambios no tienen un efecto acumulativo y profundo en la vida de los demás y, en última instancia, en la *propia* vida?

TODOS MARCAMOS DIARIAMENTE ALGUNA DIFERENCIA

Usted puede leer libros sobre cómo influir positivamente en la vida de los demás, o sea, sobre cómo marcar la diferencia. Y hasta es probable que haya escuchado a algún maestro, pastor u orador exhortar a los oyentes a "marcar una diferencia".

La realidad es que no hay un solo ser humano que no marque alguna diferencia todos los días. Sin embargo, el fondo del asunto es saber qué *clase* de diferencia estamos marcando.

Marcar la diferencia significa influir en otra persona, en un grupo o en una situación. Es prácticamente imposible permanecer neutral en el transcurso del día. Prestar atención y escuchar a los demás, tratarlos con el respeto que merecen y servirles con amabilidad hace una diferencia positiva.

En cambio, ignorar, criticar y despreciar a la gente, con intención o sin ella, hace una diferencia negativa.

La clave es prestar atención a la clase de diferencia que estamos marcando. Como dice Jim Cathcart, amigo y fanático, al igual que yo, de las motocicletas: "Para saber más, hay que prestar más atención".

No se pregunte: "¿Marqué alguna diferencia hoy?". Desde luego que usted influyó en alguien. Poco o mucho. Más bien pregúntese: "¿Qué *clase* de diferencia marqué hoy?".

AUN MEJOR QUE ACTOS OCASIONALES DE BONDAD

Algunos piensan que debemos realizar una acción bondadosa de vez en cuando. Pero yo considero que es mejor realizar acciones extraordinarias con regularidad.

Incluso quienes menos se parecen a un Fred hacen ocasionalmente —incluso "accidentalmente"— cosas especiales. Esos comportamientos se deben elogiar para reforzarlos positivamente.

El objetivo de este libro es ayudarle al lector a pensar y a actuar "como un Fred", para que su trabajo, sus relaciones y su vida se enriquezcan con el mismo espíritu magnánimo que ha caracterizado la vida de Fred el Cartero. Pero no de vez en cuando, sino continuamente. Usted puede aprender a ver el mundo a través de "lentes estilo Fred".

Todo lo que hacemos, lo importante y lo trivial, se suma y crea un estilo de vida que es evidente para cualquiera que preste un poquito de atención. Este es el tipo de ejemplo que más influye en los demás.

EL PODER DEL COMPROMISO

Es bueno que nos recuerden cuán trascendental puede ser el impacto que ejercemos en los demás.

En 1962, siendo un maestro novato en la Escuela Secundaria George Washington de la ciudad de Denver, Dick Jordan les propuso a sus alumnos que se reunieran con él en la entrada occidental de la Biblioteca Pública de Denver el primer día del nuevo milenio. Ese día, casi 40 años después, cerca de 300 estudiantes se presentaron en el sitio convenido.

Cuando los periodistas les preguntaron por qué estaban allí, las respuestas fueron sencillas. Porque sentían que Jordan se había preocupado por ellos. Porque les había enseñado a pensar y a cuestionar el contenido de los libros de historia. Incluso, uno de sus exalumnos respondió que había cumplido la cita porque Jordan había sido su inspiración para hacer de la docencia su forma de vida. El marido de una de sus exalumnas, que había fallecido a causa de un cáncer, dijo que estaba allí porque su esposa se lo había pedido poco antes de morir.

Recién graduado de la universidad y sin dinero, Jordan tuvo que pedirle a un reclutador de escuelas públicas de Denver que le prestara los 300 dólares que costaba el viaje a Colorado. Él asistió a la escuela con el mismo traje color café durante tres años.

La idea para esa memorable reunión había comenzado como un juego. Cuarenta años atrás, Jordan les dijo a sus primeros alumnos: "Podré retirarme en el año 2000. Reunámonos en alguna parte el primero de enero de ese año. Y, por favor, todos aporten un dólar; ¡lo voy a necesitar!". Sus estudiantes se acordaban de esa petición y donaron el dinero que recaudaron a un comedor de gente pobre.

LA DIFERENCIA QUE MARCA UNA GRAN IDEA

Bonnie McClurg entiende cómo se marca la diferencia. Como maestra de lectura en la Escuela Primaria Chandler de Charleston, Virginia Occidental, Bonnie transforma vidas.

Hace nueve años, ella observó que los estudiantes compraban golosinas todos los días en la máquina expendedora de la escuela. Esto la impulsó a preguntarse por qué no hacer que los libros sean tan fáciles de comprar, y tan económicos, como estas golosinas. Decidida a poner en práctica su idea, Bonnie encontró la manera de colocar libros junto a los *pretzels* y las papas fritas dentro de la máquina expendedora.

Desde entonces, los estudiantes han podido comprar libros interesantes para su edad por la módica suma de 50 centavos. ¿Es de sorprenderse que hayan comprado más de mil libros? Bonnie no se limitó a abrigar esa idea; ella la hizo realidad. Además, les demostró a los estudiantes que leer un buen libro es otro gran placer y que, a diferencia de las golosinas, nunca hace daño.

Tres estrategias para marcar la diferencia

Hay maneras buenas y no tan buenas de influir en el mundo. A continuación, compartiré con usted algunas pautas para hacerlo bien.

Estrategia 1: Determinar cuándo podemos marcar una diferencia. ¿Cuándo puede usted hacerlo? ¡En todo momento! Recuerde que nadie lo está forzando a hacer cosas extraordinarias. Si sus intentos por ser un Fred se le convierten en una obligación, está abocado al fracaso. Usted hace una diferencia en el mundo porque, al igual que la mayoría de los Freds que he conocido, desea y puede hacerlo.

Estrategia 2: Identificar las personas en cuya vida marcaremos una diferencia. Indudablemente, Fred el Cartero había decidido prestarles un servicio excepcional a todos sus clientes. ¿Podemos usted y yo hacer lo mismo? La respuesta es "depende". Pienso que es posible hacer un buen trabajo en beneficio de todos aquellos a quienes servimos, bien sea en el hogar o en el trabajo. Pero, desde luego, hay gente por la que deseamos hacer algo *extraordinario*.

Las personas más importantes en nuestra vida merecen que les brindemos lo mejor de nosotros:

- *Los clientes.* Aunque para mí habría sido fácil escribir un libro sobre servicio al cliente y utilizar la historia de Fred el Cartero como ejemplo básico, mi deseo era que sus enseñanzas, y las de otros como él, llegaran a todos los campos de las relaciones humanas, y no solamente al mercado. Reconozco que la manera más fácil como usted puede aplicar esas enseñanzas, y la que acarrea beneficios con mayor rapidez, es empezar a servir a sus clientes como Fred me sirvió a mí. Usted se ganará instantáneamente su agradecimiento y, muy pronto, su lealtad incondicional.
- *La familia.* ¿Cómo reaccionaría su pareja si usted la tratara con el mismo interés y consideración con que Fred trata a sus clientes? ¿Y qué decir de sus hijos? Una de las cosas más tristes es saber que alguien nos ama, pero no recibir demostraciones de ese amor. Usted puede transformar las interacciones familiares corrientes en experiencias extraordinarias aplicando estos principios en su hogar.
- *El jefe.* ¿Le gustaría trabajar para un jefe increíble? Entonces, empiece tratando a su jefe como si fuera una persona increíble. Haga cosas extraordinarias por él (o ella) y le aseguro que no tardará en advertir un cambio en su relación. Y si esto no ocurre, le convendría empezar a buscar un nuevo jefe.
- *Los compañeros de equipo.* Los equipos más eficientes se componen de individuos capaces. Alguien tiene que estar a la cabeza; ¿por qué no usted? Conviértase en el Fred de su equipo o de su departamento, y observe el efecto tan positivo que ejerce en los demás.

- *Los amigos y los extraños.* ¿Cómo está usted contribuyendo a mejorar la vida de sus conocidos y, también, la de las personas que no conoce? Si bien es agradable ser objeto de una acción "estilo Fred" por parte de un conocido, serlo por parte de un completo extraño es maravilloso. Estas experiencias nos hacen recuperar la fe en el potencial del comportamiento humano.

Estrategia 3: Ser la diferencia. Reflexionando un poco, usted captará qué diferencia puede marcar en una actividad o situación particulares. Vivimos tan atareados y estresados que no nos queda tiempo para pensar cómo podríamos mejorar y agregar valor a lo que hacemos por los demás, o sea, cómo transformar las acciones ordinarias en acciones extraordinarias. Es crucial sacar tiempo para hacerlo. Así como los atletas entrenan y se preparan antes de una competencia, nosotros también debemos prepararnos para nuestras actividades diarias pensando en ellas por anticipado.

Una vez tenemos claro qué diferencia podemos marcar, el desafío consiste en actuar para marcarla. No es posible delegar esta labor. Todo depende de nosotros.

¿Cómo contribuirá usted hoy a que el mundo sea un lugar mejor?

6

Las relaciones son la base del éxito

Cuando valoramos a la gente, le agregamos valor.

—JOHN C. MAXWELL

Una noche, poco antes de comenzar mi conferencia sobre ventas, descubrí que el vicepresidente de ventas de una gran compañía de productos alimenticios compartía conmigo la pasión por los automóviles.

"¿Lee usted la revista *Auto Week*?", me preguntó.

En esa época yo no conocía la revista, pero cuando él me la describió, hice el propósito de suscribirme.

Ese amante de los automóviles iba un paso adelante de mí. La mañana siguiente, antes de mi exposición, me entregó una tarjeta de suscripción que había sacado de la última revista.

Ese detalle me impresionó muchísimo. Desde entonces, recurro a una técnica parecida cada vez que hablo sobre libros con mis clientes y amigos. Cuando descubro que no han leído alguna obra realmente buena, ordeno una copia para que les llegue a su casa u oficina con un saludo de mi parte. Esto nos reporta a todos una gran alegría, el vínculo que nos une se fortalece y nuestras conversaciones se vuelven más interesantes.

¡Increíble que una acción tan sencilla tenga consecuencias tan fantásticas!

AL ÉXITO SE LLEGA DE RELACIÓN EN RELACIÓN

A pesar de que todos los días interactuamos con docenas de personas, la mayoría de esas interacciones son pasajeras y no nos producen mayor impacto. Pero los Freds saben que las interacciones con los demás generan resultados. Ellos no utilizan a la gente como medio para lograr un fin; ellos utilizan las relaciones para cimentar su éxito. Y comprenden que las relaciones sólidas generan lealtad y constituyen la base de las asociaciones y del trabajo en equipo. Por eso, se convierten en una especie de estudiantes de psicología social.

Los mejores Freds desarrollan canales de distribución para sus talentos, y se esfuerzan por trabajar de la mejor manera con los demás, bien sea individualmente con un cliente o en equipo con sus colegas.

Recuerde que la calidad de una relación tiene que ver directamente con la cantidad de tiempo que se invierte en ella. Asegúrese de invertir en sus relaciones tiempo de calidad.

LOS FREDS CONSTRUYEN RELACIONES ...
HASTA CON LOS NIÑOS DE TRES AÑOS

Pese a los límites que las compañías de seguros médicos han fijado en cuanto a la cantidad y la clase de servicios de salud que cubren, todavía hay profesionales extraordinarios que se enfocan más en lo que pueden hacer que en lo que no pueden hacer. Con todas las quejas sobre la atención médica, puede que no esperes encontrar un ejemplo estelar de Fred en este campo.

Aun así, Dan, el asistente de un pediatra, es realmente un Fred. ¡Imaginemos lo que es trabajar día tras día con niños enfermos!

En una ocasión, mi esposa llevó a Hunter, nuestro hijo de tres años, a un examen médico. Queríamos estar seguros de que no se había roto la nariz al caerse de una mesa en casa de su abuelo. Hunter estaba sentado en el piso cuando apareció Dan. Tras saludar alegremente al chico, se acomodó en el piso junto a él.

Mientras mordisqueaba unos *pretzels*, Hunter miraba con recelo a Dan. Como les sucede a todos los niños, no se sentía cómodo en la sala de espera del consultorio médico. "Hola, ¿me regalas uno?", le preguntó Dan, que, sin esperar una respuesta, procedió a sacar un *pretzel* de la bolsa. Sorprendido, Hunter abrió los ojos cuan grandes eran.

De pronto, una gran sonrisa iluminó la cara de mi hijo. Dan había "interactuado" desde el punto de vista médico; es decir, había hecho contacto con él. Juguetearon un rato y Dan incluso ató los cordones de los zapatos de Hunter que, al tratar de levantarse, se tropezó, como era de esperar. A Hunter le encantó ese juego y rió de buena gana.

Luego de pasarla bien durante un rato, Dan pudo examinar a Hunter, que ya estaba completamente tranquilo. Tal vez pensó que había evaluado mal la situación y que, en realidad, no estaba en un consultorio médico.

Dan sabía cómo actuar. No solo examinó a mi hijo sin que se produjera un alboroto, sino que eliminó los temores de un chiquillo de tres años.

Este es un magnífico ejemplo de lo que significa construir una relación al estilo Fred.

Siete secretos para construir buenas relaciones

En el mundo de hoy, tan centrado en la tecnología, construir relaciones interpersonales se puede ver como un arte pasado de moda. A la mayoría de la gente nunca le enseñaron cómo se forjan las relaciones interpersonales. Casi todos aprendimos observando a personas que nos sirvieron de modelos, y no mediante el aprendizaje consciente. Quienes tuvieron buenos modelos de conducta cuando eran niños pueden considerarse afortunados.

¿Desea usted mejorar sus relaciones familiares y laborales? Los siguientes principios le ayudarán a lograrlo.

1. Ser auténtico. Lo más ejemplar de Fred, aparte del inusual interés en sus clientes, era su autenticidad. Fred era él mismo. Nunca tuve la impresión de que estuviera fingiendo para tratar de impresionarme.

Esto es totalmente opuesto a la filosofía tan generalizada en nuestra cultura, que nos lleva a fingir para alcanzar nuestro objetivo. En otras palabras, a convertirnos en la persona que deseamos ser actuando como si ya lo fuéramos. El problema es que este comportamiento nos convierte en farsantes.

Le recomiendo que ponga en práctica una alternativa: esfuércese siempre por ser usted mismo. Por supuesto que aspira a mejorar, a intentar cosas nuevas y a agregar valor. Pero deje que eso se derive de lo que usted es, de aquello en lo que verdaderamente cree y de las cosas con las cuales está comprometido.

El prerrequisito para construir relaciones interpersonales es la confianza. Y la base de la confianza es creer que la imagen que proyecta la persona de sí misma corresponde a su verdadera esencia.

2. Interesarse en los demás (y no solo ser interesante). Aunque es innegable que las personas interesantes atraen la atención de los demás, quienes se *interesan* en los demás inspiran aprecio.

Cuando conocí a Fred, él se presentó sin demora, pero su interés era saber qué podía hacer para atender mis necesidades. Fred me gustó instantáneamente por el interés genuino que demostró en mí, y no por ser una persona interesante (aunque, con el tiempo, me di cuenta de que indudablemente lo es). Si Fred se hubiera dedicado a contarme sus hazañas como cartero, el resultado habría sido muy distinto.

La gente se siente halagada cuando demostramos interés en conocerla mejor, no movidos por una curiosidad malsana, sino por el deseo sincero de ayudar o de prestar un servicio más eficaz. En mi opinión, conocer a las personas que servimos incrementa el valor del servicio que prestamos.

3. Aprender a escuchar. Interesarnos en los demás y escucharlos proporciona información práctica que podemos utilizar para crear valor. Por ejemplo, al escuchar atentamente a su jefe, podría enterarse de que detesta los memorandos largos. Gracias a esa información, usted empezará a presentarle informes breves, lo que redundará en una mejor relación de trabajo. O durante un almuerzo de negocios con un cliente, pregúntele por su familia. Quizás descubra que su hijo adolescente juega tenis, como el suyo. Ofrecer intercambiar información sobre un interés compartido agrega valor y profundidad a la relación.

La gente se siente halagada cuando hacemos el esfuerzo de conocerla y cuando buscamos información que nos permita servirle mejor. Conocer y comprender los deseos de las otras personas aumenta el valor de lo que podemos brindarles.

4. Demostrar empatía. Escuchar con verdadero interés a los demás con el objetivo de conocerlos mejor es clave para comprender sus sentimientos. Esto es empatía. Una de las principales necesidades del ser humano es sentirse comprendido. Sin embargo, a nuestros conocidos no siempre les interesa lo que sentimos, o no tratan de entenderlo.

Hace dos mil años, un sabio llamado Philo Judaeus dijo: "Sé bondadoso. Todas las personas con las que te encuentres están librando una dura batalla". Las cosas no han cambiado mucho desde entonces. Su consejo es la esencia de la empatía.

5. Ser honesto. Yo resumo todas las estrategias comerciales en esta sencilla idea: decir lo que vamos a hacer y hacer lo que dijimos que haríamos. En otras palabras, no hacer promesas ni crear expectativas que no podamos cumplir. También hay que evitar transmitir una imagen exageradamente positiva de uno mismo. Sea un hombre, una mujer o una organización que cumple su palabra. Eso es integridad.

6. Ser servicial. Las cosas pequeñas marcan una gran diferencia. La suma de muchas cosas pequeñas marca una diferencia enorme.

Hace varios años, mi amigo Ken me enseñó una hermosa manera de servirles a los extraños. Si veo que hay un grupo de personas y que uno de sus integrantes está tomando una fotografía del resto, me ofrezco para tomarla a fin de que todos salgan retratados.

Incluso una acción tan sencilla como mantener abierta una puerta es un comportamiento estilo Fred. En conclusión, no olvide los buenos modales y la gente no lo olvidará a usted.

7. Ser puntual. Para muchos, el tiempo es más escaso que el dinero. Ayudarles a esas personas a no perder tiempo, siendo puntuales y eficientes, es un regalo valiosísimo que les damos.

Más allá de las interacciones

¿Qué porcentaje de sus interacciones son transaccionales en vez de relacionales?

Las interacciones transaccionales se enfocan en los resultados, con frecuencia a costa de las relaciones. A las personas que valoran los resultados más que las relaciones las suelen calificar de "directas". Esto quiere decir que se enfocan directamente en los resultados, lo que hace que los demás se sientan poco valiosos e, incluso, utilizados.

Por su parte, las interacciones relacionales se enfocan en el trato que le damos a la gente durante el proceso de obtener resultados. Esto no quiere decir que los resultados no sean importantes. Más bien, significa que para esta clase de interacciones los medios son fundamentales. Fred el Cartero es un ejemplo de que la manera como se entrega el correo influye en la percepción del resultado.

No todas las interacciones tienen que ser relacionales. La falta de tiempo o las características de la situación muchas veces no lo permiten. Por ejemplo, sacar a los residentes de un edificio en llamas requiere impartir instrucciones firmes y directas.

Jimmy Buffett dijo una vez: "Toma la misma cantidad de tiempo ser un buen tipo que ser un patán".

Usted y yo podemos actuar como Fred si nos preocupamos por el aspecto relacional de nuestras interacciones. Prácticamente no exige esfuerzo ni tiempo adicional demostrar que nos interesamos por los demás y que los valoramos, especialmente tratándose de las personas de las cuales dependemos para alcanzar el éxito.

Esta es la esencia de las buenas relaciones comerciales y personales.

7

No dejar nunca de crear valor para los demás

Hay dos clases de personas que no logran casi nada en la vida:
las que no hacen lo que les ordenan que hagan
y las que solo hacen lo que les ordenan que hagan.

—ANDREW CARNEGIE

En la Edad Media se creía que los alquimistas (personas que practicaban la química, la filosofía y la magia) tenían la capacidad de convertir los metales básicos en oro. Pero la ciencia ha comprobado que es imposible convertir el hierro en oro. Sin embargo, algo valiosísimo que sí podemos hacer, pero que la mayoría de la gente aún no ha descubierto, es transformar las ideas más sencillas en ideas extraordinarias.

Fred el Cartero es un alquimista de la actualidad y usted también puede llegar a serlo.

Cuando le preguntaron al dueño de un restaurante cuál era el secreto de su éxito, respondió que haber trabajado en la cocina de un prestigioso restaurante europeo le había enseñado que la clave de la excelencia es hacer todo de la mejor manera posible, trátese de un plato sofisticado o de un sencillo acompañamiento.

"Si uno sirve papas fritas", dijo, "debe asegurarse de que sean las mejores papas fritas del mundo".

Los Freds crean nuevo valor o agregan valor al trabajo que realizan. Al mismo tiempo, ellos saben que hacer algo —bien para un cliente, bien para un colega— que no proporciona valor puede representar una pérdida de tiempo y energía.

Los Freds compiten exitosamente brindando mejores ideas, productos y servicios que sus competidores. Ellos no se limitan a hablar del "valor agregado"; actúan con base en él.

Los mejores Freds son verdaderos artistas, pues logran convertir los productos, servicios o responsabilidades más ordinarios en algo extraordinario. Son alquimistas del mundo real que practican el arte y la ciencia de "crear valor".

La mayor parte del tiempo, y sin cobrar un solo centavo extra, los Freds generan valor adicional haciendo más de lo que es necesario y sobrepasando todas las expectativas.

Una vez trabajé con un hospital cuya dirección administrativa había tomado la decisión de mejorar las relaciones con los pacientes. Una pequeña idea hizo una enorme diferencia. Cada vez que un paciente o un visitante preguntaba dónde quedaba alguna habitación o dependencia, los empleados no se limitaban a explicar cómo llegar al sitio, sino que lo acompañaban, en especial si se veía confundido o angustiado.

Cualquiera que tenga que ir a un hospital, sea paciente o visitante, por lo general se siente un poco angustiado y desorientado. Tener un acompañante reduce el estrés que produce esa experiencia. El personal del hospital proporcionaba valor adicional al aliviar esa carga emocional.

Un curso intensivo para aprender a agregar valor

Este es un libro pequeño con una misión grande: ayudar a que su vida sea mucho más significativa de lo que jamás ha creído posible. En las siguientes páginas encontrará algunas de las ideas más importantes que deseo compartir con usted. ¿Está listo para aprender a ser una persona de inmenso valor para los demás? Esto se logra:

1. Diciendo la verdad. La verdad es un bien cada vez más escaso. En el mundo de las ventas nos hemos acostumbrado a que nos digan lo que supuestamente queremos oír y no lo que realmente está sucediendo. Por ejemplo, cuando preguntamos cuánto tiempo demorará la entrega de un producto, la respuesta siempre es un compromiso: "Mañana temprano". Pero, al final del día siguiente, todavía no hemos recibido el paquete.

Decir la verdad debería ser una condición imprescindible y no un valor agregado. Una vez, un filósofo comentó que si la honestidad no existiera, alguien la inventaría como la manera más segura de hacerse rico. La verdad es tan escasa hoy en día, que incluso se le atribuye más valor que en el pasado.

2. Aplicando el poder de la personalidad. Acabo de cenar en uno de mis restaurantes italianos favoritos de Denver. El camarero que me atendió era bueno, pero no excepcional. Durante la cena me fijé en un mesero de más edad que permanentemente servía agua y charlaba con los clientes. Cuando estaba por pagar la cuenta, se acercó para ofrecerme más agua. Al ponerme suavemente una mano en el hombro y decirme: "Nos alegra que haya venido esta noche", se notaba que sus palabras eran sinceras.

Esas pocas palabras convirtieron en una experiencia excepcional una cena que yo habría podido olvidar rápidamente. Más aún, experimenté de primera mano lo que ocurre cuando nos damos a los otros con autenticidad y entusiasmo. Ese mesero transforma su charla y el oficio de servir agua en todo un arte gracias al poder de su personalidad.

3. Imprimiendo un toque artístico. ¿Está haciendo usted algo para enriquecer sus productos o servicios con un toque artístico? Puede ser algo tan sencillo como un pequeño toque personal, o tan especial como una mejora significativa en el diseño o el empaque. Todo lo que es visualmente atractivo nos llama la atención. Esto no solo nos ocurre con las personas, sino también con los bienes, los servicios, la arquitectura y todo lo que tiene que ver con el diseño.

Los Freds reparan en la apariencia, pero no porque sea más importante que la esencia, sino porque también cuenta. Si un artículo valioso es presentado de una manera poco agradable, pierde valor. A la inversa, darle a un artículo una bonita apariencia incrementa su valor.

4. Satisfaciendo las necesidades por anticipado. La anticipación obra maravillas. ¿Alguna vez alquiló un automóvil y recibió instrucciones para llegar a su destino, pero rápidamente se perdió? ¿Qué habría pensado si, en la agencia de alquiler de autos, un empleado con mentalidad estilo Fred hubiera tenido el detalle de darle su número telefónico para que se comunicara con él desde su teléfono móvil en caso de perderse?

Si sabe que sus vecinos saldrán pronto de vacaciones, ¿por qué no se ofrece para recoger su correo o para regar las plantas durante su ausencia? Pensar por anticipado cómo puede ayudar mientras sus vecinos están fuera es un gesto amable que generará mucho valor.

5. Agregando "ingredientes buenos". Piense en la posición que ocupa actualmente. ¿Qué podría agregar para hacer más fácil la vida de sus clientes y compañeros de trabajo?

A continuación me referiré a algunas cosas que les agregarán valor a su producto, a su trabajo o al servicio que usted presta. Se lo garantizo.

- *Alegría.* ¿Qué puede hacer para alegrarle un poco el día a otra persona? Quizás algo tan sencillo como contar un buen chiste. Los chistes propician la risa, que mejora el ánimo para el resto del día. Cada vez que tengo que viajar en avión, llevo una bolsa de caramelos que reparto entre los niños, los auxiliares de vuelo y cualquiera que tenga antojo de una golosina. Tengo amigos que saben hacer sencillos trucos de magia. En algunas ocasiones los hacen con el único propósito de arrancarle a alguien una sonrisa; en otras, para calmar los ánimos durante una reunión difícil. Ellos saben que agregar algo bueno, como un poco de alegría, rinde frutos.
- *Entusiasmo.* El entusiasmo se puede concebir como una mezcla de emoción y energía positivas (esta no es una definición científica ni de diccionario). El entusiasmo vuelve extraordinarios los acontecimientos, procesos, servicios e interacciones ordinarios.
- *Humor.* La risa es una excelente medicina para el alma. ¿Qué producto o servicio no se beneficia de un tris de medicina para el alma? Incluso si su producto o servicio es realmente serio —y recibir la correspondencia es, para la mayoría de la gente, un asunto que reviste la mayor seriedad—, no conviene tomarse demasiado en serio.

6. Eliminando "ingredientes malos". ¿Qué le molesta o lo irrita más? ¿No sería estupendo si todos nos preocupáramos por saber qué les incomoda a los demás e hiciéramos lo posible por ahorrarles esas molestias?

Desde luego que las personas consideran malas o inaceptables distintas cosas. Por eso, antes de eliminar algo, debemos asegurarnos de que convenga hacerlo.

¿Cuáles son las cosas que la mayoría de la gente considera malas o inaceptables? He aquí las peores:

- *Esperar*. A nadie le gusta tener que esperar. Aunque podría servir para desarrollar la paciencia, a menudo nos vemos forzados a practicar más de lo que quisiéramos. Acaso, ¿no aprecia usted a las personas cumplidas? ¿No se alegra cuando sus citas comienzan a la hora convenida? ¿No le da gusto ver que quienes sirven a los demás actúan con rapidez, demostrando respeto por el tiempo ajeno? Los Freds tienen la cualidad de que o bien no hacen esperar a sus clientes y colegas, o bien se las arreglan para que la espera sea mínima.

- *Los defectos*. En la vida no hay nada perfecto. Pero cuando hemos *pagado* para que algo esté en buen estado o sea de buena calidad, es muy enojoso descubrir que no es así. Por ejemplo, comprar un lindo mueble puede pasar de ser una experiencia emocionante a un gran motivo de disgusto si, al llegar a casa, advertimos que está deteriorado en una esquina por descuido del encargado de las entregas. Los Freds procuran que su trabajo y el servicio que prestan carezcan de defectos.

- *Los errores*. Así como los objetos pueden presentar defectos, los procesos pueden incluir errores. Es exasperante cuando alguien comete un error, pero uno tiene que pagar las consecuencias ("Lo siento, señora, pero alguien traspapeló su solicitud en esta oficina y ahora debe volver a diligenciarla"). Hay algo determinante para adquirir el estatus de un Fred: *solucionar problemas que uno no creó.* ¿Que si estoy hablando en serio? ¡Claro que sí! Resuelva problemas que hayan creado otras personas, aunque usted no sea el responsable ("Lo siento, señora, pero alguien traspapeló su solicitud en esta oficina. Sin embargo, tomaré sus datos por teléfono para que no pierda tiempo volviéndola a diligenciar"). Así como el mundo no quiere a quienes encuentran problemas en todas partes, adora a quienes los solucionan. Y los Freds asumen la responsabilidad de resolver problemas y errores aunque ellos no los hayan generado.

- *La irritación y la frustración.* ¿Es posible eliminar estas dos emociones negativas en otra persona? No lo creo. Pero lo que sí se puede es hacer surgir sentimientos positivos en otra persona de una manera indirecta. El departamento de servicio al cliente de una compañía aseguradora me había estado haciendo falsas promesas. Llegó un momento en que me enojé tanto, que le informé a mi contacto principal que dejaría de ser cliente de esa entidad tan pronto como mi póliza venciera. Pero evidentemente no transmitió esa información porque, cuando la póliza venció, una mujer de nombre Teresa me llamó para hablarme sobre la prórroga. ¡Me enfurecí! "¿Acaso mi expediente no dice nada sobre la experiencia tan desastrosa que tuve con su compañía?", le pregunté. "¿Se puede imaginar lo irritado y lo frustrado que me he sentido cada vez que he tratado de hacer algún negocio con ustedes?". Teresa me escuchó pacientemente y luego me dijo: "Lo siento muchísimo, señor Sanborn. No sé exactamente qué le sucedió. Pero le prometo que, si continúa con nosotros, yo me encargaré personalmente de su cuenta y nunca más lo volveremos a defraudar". Así lo hice y comprobé que la promesa de

Teresa había sido seria. Los Freds se esfuerzan para minimizar los sentimientos negativos de los demás y para maximizar los positivos.

- *La información equivocada.* Evite como a la plaga dar información errada. Si no conoce la respuesta a una pregunta, dígalo. Y si puede, explique por qué no conoce esa respuesta. Aunque a nadie le gustan las malas noticias, hay algo peor: las buenas noticias que no son ciertas, porque nos llenamos de esperanza y expectativas, para luego caer en la triste realidad. Los Freds no funcionan con información incorrecta. Cuando no conocen la respuesta a alguna pregunta, lo dicen honestamente y hacen todo lo que está a su alcance para obtenerla.

7. Simplificando. Este es otro magnífico valor "creado". Ayúdele a la gente a obtener con facilidad lo que necesita de usted. Elimine el papeleo y la burocracia, sin transgredir ninguna ley ni cometer irregularidades. Usted sabe cómo funcionan las cosas en su empresa y cuáles son los atajos. ¿Cómo podría beneficiar a una persona ajena a ella?

Si desea prestar un gran servicio, utilice sus conocimientos y su experiencia para ayudar a los demás a comprender lo que, aparentemente, es complejo y abrumador.

Si usted no pudiera configurar su nuevo computador y tuviera que pedirle ayuda al fabricante, ¿no le gustaría hablar con un Fred? Él (o ella) comenzaría diciéndole: "Sé que parece difícil, pero le ayudaré a hacerlo paso a paso. Verá que dentro de unos minutos estará funcionando", y procedería a simplificar la situación para usted. En cambio, un individuo distinto le daría una explicación totalmente mecánica o le respondería dándose aires de superioridad.

8. Mejorando. Mejorar significa hacer las cosas mejor, multiplicar el valor existente. Haga lo que siempre ha hecho, pero hágalo de la mejor manera que pueda. Cuando adopte esta estrategia, los demás lo notarán. En 1869, H. J. Heinz acuñó una frase que describe el objetivo de todos los Freds: "Hacer lo usual inusualmente bien".

Piense en todo lo que podría hacer inusualmente bien. ¿Podría una frase adicional hacer que un mensaje electrónico pase de ser simplemente informativo a ser realmente útil? ¿Cómo podría mejorar su estilo habitual de conversar por teléfono? ¿Es usted capaz de transformar a un cliente quejumbroso en un cliente comprometido, no solo por solucionarle un problema, sino por la forma de hacerlo?

Los Freds piensan constantemente en mecanismos, grandes y pequeños, de mejorar la calidad de su trabajo y de sus interacciones.

9. Sorprendiendo. Después de festejar en casa los tres años de nuestro hijo Hunter con un gran número de chiquillos y muchos de sus padres, mi esposa y yo quedamos exhaustos. Cargamos la camioneta Explorer, con todo y abuela, y salimos a cenar. Como vimos que había mucha gente haciendo fila para entrar a nuestros dos restaurantes favoritos, decidimos ir a otro. Ese establecimiento era el prototipo del restaurante "común y corriente": una edificación vieja, una decoración anticuada y un menú con apenas lo básico. Pero tenía algo sorprendente: el servicio.

La mesera que nos atendió lo hizo con una actitud alegre y amable. Mientras tomaba el pedido, se dio cuenta de que los adultos estábamos cansados y oyó a Hunter quejarse de hambre. Nos prometió traer la comida de inmediato.

A los pocos minutos, regresó con un muñeco de felpa. Curiosamente, mi hijo adora esos muñecos. "Me lo acabo de ganar y pensé que al niño le gustaría quedarse con él", dijo la muchacha.

El rostro de Hunter se iluminó mientras recibía ese inesperado regalo. Le dimos las gracias a la mesera y le contamos que era el cumpleaños de nuestro hijo. "Entonces, ¡feliz cumpleaños!", dijo y fue a traer nuestro pedido.

La cena estuvo bastante bien y la cuenta, normal. Pero yo dejé una propina excepcional, que nuestra mesera merecía (aunque no creo que esa fuera su motivación). Un gesto amable proveniente de una buena persona nos había sorprendido y llenado de buen humor.

10. Entreteniendo. "Soy el Rey del Chocolate. ¡Acérquense, observen y aprendan!", invitaba en voz alta el joven ubicado detrás del mesón de mármol. Y durante un rato se dedicó a manipular el chocolate derretido con una larga espátula, mientras explicaba cómo se elaboran los bombones. Aunque el aroma era realmente tentador y la demostración, informativa, lo que cautivó nuestra atención fue la diversión que nos brindaba el Rey del Chocolate.

Si alguien me hubiera pedido que dedicara un rato a observar cómo se hacen estos bombones, la verdad es que no hubiera aceptado. Pero nuestro maestro chocolatero sabía algo sobre el comportamiento humano que ningún Fred desconoce: a la gente le encanta que la entretengan. Todos prestamos más atención y aprendemos más rápido cuando nos estamos divirtiendo. Pero no me refiero a la entretención desprovista de sentido. La función del Rey del Chocolate tenía un propósito: vender más chocolate. Y lo logró.

SEA UN ALQUIMISTA MODERNO

Para ser alquimista solo se requieren los ingredientes normales de las horas y los minutos de cada día, y saber que el uso que les damos a esos minutos determina su valor. Aunque la mayoría de la gente piensa que generar valor exige invertir dinero, los Freds saben que lo único que hace falta es un poco de imaginación.

Si usted aplica los principios y las técnicas que aprendió en este capítulo, se convertirá, al igual que Fred, en un alquimista de la actualidad. En otras palabras, transformará los momentos normales de su vida cotidiana en oro puro.

8

La importancia de reinventarse con frecuencia

Un empleado triste se retiró del trabajo que tuvo durante muchos años. Casi todos sus días fueron iguales.
Aunque les caía bien a sus compañeros, ninguno lo extrañará.
Y a pesar de que ganó mucho dinero, se sentía pobre.

Ese hombre trabajó sin sentir alegría.
Y solo hizo aquello por lo que le pagaban; nada más.
Realizaba su trabajo del mismo modo que llevaba su vida:
todo lo hacía tal y como siempre lo había hecho.

—MARK SANBORN

Vivir cambiando no es bueno; permanecer exactamente igual tampoco lo es. Como dice el refrán, la única diferencia entre un surco y una tumba es la profundidad.

Los Freds saben que una de las cosas más emocionantes de la vida es que todos los días nos levantamos con la posibilidad de reinventarnos. No importa qué haya sucedido ayer, hoy es otro día. Aunque no podemos negar las dificultades de la vida, tampoco debemos permitir que ellas nos limiten.

¿Dice usted que jamás ha sido un Fred? ¡Eso pertenece a la historia! Hoy, usted puede iniciar el proceso de convertirse en la persona que quiere ser. Si aspira a seguir creciendo y avanzando, lo único que debe hacer es aprovechar las oportunidades de reinventarse. Esto se logra por medio de las acciones cotidianas —grandes y pequeñas— que demuestran su compromiso con una nueva y mejor versión de usted mismo. De lo contrario, el mundo competitivo en que vivimos lo dejará atrás.

EL CRECIMIENTO PERSONAL INCREMENTA EL VALOR

La mejor forma de aumentar nuestro valor es crecer como seres humanos. Convertirnos en esponjas de absorber ideas. Tomarnos el tiempo que necesitemos para pensar acerca de lo que hacemos y de la razón por la que lo hacemos. Nos hemos acostumbrado tanto a vivir en piloto automático, que no somos capaces de distinguir entre *actividad* y *logro*.

Cuanto más crecemos como seres humanos, tanto más tenemos para compartir con los demás. Considere el crecimiento personal como la arcilla para modelar la versión mejorada de usted mismo. Cuanta más arcilla tenga, tanto más grande y rica en detalles será la escultura que podrá crear. Cuanto más aprenda —no conocimientos abstractos, sino cuestiones prácticas— más materia prima tendrá para dar forma a su obra de arte personal.

A medida que sus condiciones mentales, espirituales y físicas mejoren, usted se conectará con personas e ideas nuevas que le ayudarán a convertirse en todo un maestro a la hora de generar valor.

ACTUAR POR CONVICCIÓN Y NO POR OBLIGACIÓN

Reinventarnos a nosotros mismos no debe ser resultado de un impulso. Los impulsos generalmente nos llevan a hacer las cosas porque debemos y no porque queremos. Actuar motivado por la obligación desvirtúa lo que significa ser un Fred.

Fred, mi cartero, realizaba un trabajo excepcional porque lo disfrutaba de verdad. ¿Que cómo lo sé? Por la sonrisa que iluminaba su rostro y por su actitud, que reflejaba alegría. Su forma de trabajar demostraba que se divertía mucho con su oficio y no, sencillamente, que estaba cumpliendo las órdenes de sus superiores.

Fijarse la meta de comportarse más como un Fred en el trabajo no lo motivará; en cambio, una razón convincente —una pasión— para convertirse en otro Fred sí le servirá de motivación. Por ejemplo, ejercer una influencia positiva en los demás, desempeñar su trabajo de un modo extraordinario o tener la satisfacción de convertirse en un modelo de conducta positiva. Sean cuales sean las razones, lo importante es que le permitan revelar lo mejor que hay en usted.

APROVECHAR LA EXPERIENCIA

Es probable que usted haya visto y vivido cosas muy especiales a lo largo de su vida y que no las haya olvidado, aunque no piense a menudo en ellas ni las utilice productivamente.

Si usted desea reinventarse y mejorar, reflexione sobre su pasado. ¿Cuáles son las lecciones más importantes que ha aprendido? ¿Qué quiso lograr alguna vez con todo su corazón, pero nunca lo intentó? ¿Qué personas influyeron más en lo que usted es, y qué aprendió de ellas? ¿Cuáles son las personas que usted admira más? ¿Qué habilidades y características de esas personas le gustaría desarrollar?

Consiga un pequeño diario y responda por escrito las preguntas anteriores. Escriba también lo que aprenda cada día. Anote y aproveche las ideas que permanecen ocultas en el rico almacén de su mente.

Mejorar el "CI"

No basta con tener buenas ideas. Lo importante es hacer algo con ellas.

Su probabilidad de convertirse en un Fred depende de su CI. Pero no estoy hablando del cociente intelectual, así que no se desanime si piensa que usted no es un Einstein. CI significa, en este caso, "cociente de implementación". En otras palabras, la diferencia entre tener una buena idea y ponerla en práctica.

¿Cuántas buenas ideas mueren por inacción y falta de seguimiento de su parte? Saber que uno puede marcar una diferencia en la vida de otra persona y marcarla son dos cosas completamente distintas.

Una manera de mejorar su CI es anotar las buenas ideas a medida que las tenga, y luego incluirlas en su lista de cosas para hacer cada día. La inacción suele ser producto de la mala memoria, y es más fácil recordar y llevar a cabo las cosas a las que nos comprometemos por escrito.

Adaptar y aplicar

Las buenas ideas se encuentran en todas partes. Entérese de lo que hacen las personas que se destacan. Observe y aprenda. Luego, adapte y aplique.

La última afirmación es la clave. Si usted se limita a copiar lo que hacen las personas más competentes, terminará haciendo lo mismo que ellas y nada más. La clave es tomar las buenas ideas, provengan de donde provengan, adaptarlas a su estilo particular y, luego, aplicarlas.

Usted puede aprender de los Freds que hay en los demás departamentos de su compañía, en otras organizaciones e, incluso, en otros países. Aunque no comparta totalmente esas ideas, haciéndoles algunos ajustes usted logrará innovar y no, sencillamente, duplicar.

Un día a la vez

Le tengo una buena noticia: usted no tiene que hacer todo de un modo extraordinario. Si así fuera, se sentiría bloqueado incluso antes de salir de casa por las mañanas.

Convertir lo ordinario en extraordinario se logra paso a paso. Hacer solamente una cosa extraordinaria al día, en su hogar o en su trabajo, durante los siete días de las 52 semanas del año (incluyendo las vacaciones), hará que muy pronto su vida sea un ejemplo para otros.

Una acción extraordinaria cada día no es nada del otro mundo; por el contrario, es bastante viable. ¿Una docena? Esto es poco realista. ¿Pero una sola? ¡Todos podemos! Comience con lo que sabe que puede hacer y, a medida que se vaya reinventando, complemente su estrategia diaria con algo más. Pero empiece con lo más sencillo.

Lo único que se requiere es:

- hacerle todos los días un comentario cariñoso a alguno de sus seres queridos para afianzar la relación;

- realizar cada día una actividad excepcional para atraer la atención positiva de su jefe; o
- llevar a cabo todos los días una acción inesperada con el objetivo de influir positivamente en la vida de otra persona.

Con el tiempo, aplicar este principio puede convertir su vida, quizás poco interesante, en una vida extraordinaria. Y producir el mismo efecto en la vida de los demás.

COMPITA... ¡PERO CON USTED MISMO!

Es humano compararse con los demás, querer saber si somos mejores o peores, más capaces o menos capaces. Si bien esto no es intrínsecamente malo, por lo regular no lleva a nada bueno. La realidad es que siempre habrá personas más —y menos— capaces que uno.

Es mucho más productivo, y divertido, compararse y competir con uno mismo. Reinventarse significa cambiar positivamente y la meta es mejorar constantemente. Piense cuál fue su punto de partida y dónde está ahora. ¿Cuán lejos ha llegado? ¿A dónde quiere llegar?

En su esfuerzo por convertirse en un Fred, esté atento, pero sin llevar la cuenta, a las acciones sencillas que trate de hacer de una forma extraordinaria, así como también a los resultados de esas acciones. Y no deje de explorar nuevas maneras de llevar este empeño un paso más adelante.

REPERCUSIONES INDIRECTAS DE NUESTRAS ACCIONES

Yo acababa de dar una conferencia en un sitio especial del estadio de Atlanta, Georgia, que había alquilado IBM, la empresa patrocinadora del evento. Los 100 diseñadores de páginas web que asistieron, todos excelentes creativos, al parecer la disfrutaron mucho.

Después de conversar con varios asistentes, un hombre que se encontraba cerca de la entrada del estadio se acercó a mí. Extendiendo la mano, me dijo: "Soy el conductor de uno de los autobuses. A nosotros no nos invitaron a su exposición, pero yo me ubiqué atrás para no perdérmela. Me gusta escuchar a los conferencistas y vivo atento a las nuevas ideas. Es que soy inventor. Ya inventé un cojín para que la gente esté cómoda cuando va a un estadio, como este. Me identifico prácticamente con todo lo que usted dijo. Sus palabras me han llenado de ánimo para no darme por vencido".

La compañía patrocinadora se sintió muy satisfecha con mi presentación. Pero la mayor gratificación no fue esa ni el pago que obtuve, sino saber cuán valiosas habían sido mis palabras para una persona que ni siquiera, se suponía, formaba parte de la audiencia.

¿Será posible que usted esté influyendo de una manera importante en otras personas, y que ni siquiera lo sepa? No solo debemos ser conscientes de las consecuencias primarias de nuestras acciones, sino también de las secundarias, es decir, del efecto que ejerce nuestra conducta en personas ajenas a nuestro entorno inmediato.

Uno nunca sabe quién está escuchando y observando. Nuestra vida, parafraseando a Shakespeare, se desenvuelve en un escenario.

Lo que distingue a los Freds no son los resultados que obtienen, sino la influencia que ejercen en los demás. Y esta es la fuente de su satisfacción.

Bob Briner, expresidente de ProServe y autor de varios libros, se distinguió por su vida de servicio. Su rasgo distintivo era preguntarles a sus clientes, amigos y colegas qué podía hacer para servirles mejor. No era una pregunta vacua ni una fórmula de cortesía; él realmente se esforzaba para servir a los demás.

Pocos días antes de morir Bob a causa de un cáncer, el músico Michael W. Smith fue a visitarlo. A pesar de lo mal que Bob se encontraba, logró hacerle a su visitante una última pregunta: "¿Cómo puedo servirte?".

Bob Briner era un Fred.

Con su ejemplo, los Freds influyen profundamente en la vida de los demás, trátese de empresarios, empleados, familiares o amigos. Sus acciones inspiran tanto directa como indirectamente. Esta es una de las mejores razones que conozco para no dejar nunca de reinventarnos.

TERCERA PARTE

CÓMO LLENAR
EL MUNDO DE FREDS

A diez minutos de mi casa hay dos ferreterías gigantescas que son conocidas por sus precios bajos y la increíble variedad de artículos que ofrecen. Sin embargo, el servicio que prestan no tiene nada de especial. Por eso, muy pocas veces hago mis compras en esas tiendas.

A diez minutos de mi casa también hay otra ferretería que, en comparación con sus monstruosos rivales, es bastante pequeña. Y a pesar de que sus precios no son especialmente bajos, eso no me importa pues allí solo atienden Freds.

Me fascina hacer arreglos en casa. Por eso, lo que generalmente busco es soluciones para los desastres domésticos, y no repuestos especializados de plomería.

Al entrar a esa tienda, uno encuentra cerca de la puerta a varios empleados listos para atender a la clientela con eficiencia y amabilidad. Cuando se les hace una pregunta que no pueden responder, siempre saben qué empleado conoce la respuesta. Ellos no se limitan a decir en qué sección se encuentra lo que el cliente busca, sino que lo acompañan hasta el lugar exacto. Además, hacen las preguntas correctas para saber si lo que el cliente está pensando en comprar es lo que realmente necesita.

Esta tienda es un ejemplo de lo que sucede cuando una organización está llena de empleados estilo Fred.

Tal vez este es uno de los secretos mejor guardados para competir con éxito: tener Freds en todos los niveles de la organización.

Pero, ¿cómo se consiguen esas personas? En una época en que la rotación del personal es alta y en que la lealtad de la clientela parece haber quedado relegada al pasado, formar Freds debería ser una prioridad para todas las empresas. Tener líderes y compañeros de equipo estilo Fred hará de la suya una organización extraordinaria y distinta de las demás.

Teniendo en cuenta que todas las organizaciones tienen acceso a información, asesores, capacitación, sistemas de compensación, incentivos y beneficios similares, ¿por qué algunas prosperan mientras que otras fracasan? La diferencia no radica en los procesos ni en las funciones y estructuras. Radica en la gente. Las personas poco motivadas casi nunca hacen un trabajo sobresaliente.

Las personas entusiastas son diferentes. Ellas hacen las tareas ordinarias extraordinariamente bien. Incluso si la mayoría de las ideas que aportan no son brillantes, de todos modos son útiles.

Los clientes no se relacionan con organizaciones, sino con personas. Los empleados que sienten pasión por lo que hacen, sean vendedores, técnicos o representantes de servicio al cliente, demuestran a todas horas su compromiso con la clientela, y ese compromiso se refleja en el entusiasmo con que hacen su trabajo. El resultado es que los Freds logran mucho más que los empleados indiferentes, y superan con mayor facilidad las dificultades que se presentan cuando los recursos son limitados.

No debe sorprender que los Freds suelan ser más felices que las demás personas. Esto se debe a que quienes hacen bien su trabajo se sienten bien, y quienes lo hacen excepcionalmente bien se sienten… ¡excepcionalmente bien! La satisfacción tiene mucho que ver con los logros.

¿Cómo puede usted formar personas estilo Fred? Los cuatro capítulos siguientes se lo dirán:

Descubrir

Recompensar

Educar

Demostrar

¿Sencillo? Sí. ¿Fácil? No.

¿Quién ha dicho que es fácil ser extraordinario, o que es fácil encontrar y formar gente extraordinaria?

9

Descubrir

Hay algo mucho más escaso y mucho mejor que la habilidad:
la habilidad de reconocer la habilidad.

—ELBERT HUBBARD

¿Los Freds nacen o se hacen? Algunas personas nacen con la predisposición a ser Freds. Otras no nacen con esa predisposición, pero con el tiempo aprenden a ser así. Y hasta hay individuos que se esfuerzan para perfeccionar su predisposición natural y parecerse cada vez más a un Fred.

En cualquier caso, cuantos más Freds atraiga usted a su organización o a su equipo, más éxito tendrá. Pero antes de explicar lo que se puede hacer para que haya más gente como Fred, veamos cómo podemos descubrir los que ya andan por ahí.

Hay tres maneras principales de hacerlo, tanto dentro como fuera de la organización.

1. Atraer a los Freds

¿Es su organización una especie de imán para los Freds? Para que una compañía alcance el más alto nivel, debe ser capaz de atraer gente estilo Fred.

Según Dale Dauten, autor de *The Gifted Boss*, la gente desea trabajar con jefes y organizaciones que les brinden un cambio y una oportunidad. El cambio es la posibilidad de trabajar para una organización que reconozca, recompense, estimule y valore a los Freds. La oportunidad es la posibilidad de llegar a ser mejor de lo que uno jamás ha sido.

Esto es lo que la mayoría de los Freds buscan y desean.

Pero hay una dificultad: si usted todavía no cuenta con algunos Freds de carne y hueso que estén haciendo cosas excepcionales por sus clientes, es difícil que el público perciba su negocio o su empresa como un lugar atractivo para trabajar. Si, al llegar a sus hogares, sus empleados y colegas no alardean ante sus familiares y amigos de lo maravillosa que es la empresa para la cual trabajan, no espere recibir montones de currículos de aspirantes estilo Fred.

A veces se consigue gente excepcional en otros departamentos de la organización. Personas que se sienten reprimidas por sus superiores o que perciben que no tienen futuro y aspiran a un cambio que les permita crecer, demostrar sus habilidades y seguirlas desarrollando.

Convierta su área en un oasis para los Freds. Magníficos jefes de departamento me han contado que algunos de sus mejores colaboradores salieron de departamentos donde no los apreciaban como merecían.

2. Descubrir a los freds en potencia

Encontrar Freds muchas veces es tan sencillo como ayudar a que salgan a la luz los talentos ocultos de quienes ya trabajan con uno.

¿Recuerda cuando los recortes de personal estaban a la orden del día? Desde luego, había circunstancias que obligaban a tomar esa medida. Pero siempre he creído que la mayor parte de esos recortes no pasaban de ser una solución superficial. Los gerentes pensaban que era más fácil despedir a los empleados que ayudarles a revelar sus talentos y destrezas. ¿Qué habría pasado si les hubieran dado esa oportunidad?

Muchos empleados están "cargados" para hacer lo ordinario de una manera extraordinaria, pero nadie se ha tomado el trabajo de descubrir —hablando figurativamente— cómo "disparar el gatillo".

Descubrir el talento a menudo es solo cuestión de permitir que se manifieste. Cuando usted le dé a la gente el tiempo —el bien más valioso que existe— necesario para que exhiba sus talentos, se sorprenderá ante la cantidad de Freds que hay en su organización.

¿Hay alguna técnica, o truco, para reconocer a los Freds? Por lo menos en teoría, todo el mundo tiene el potencial para hacer lo ordinario de una forma extraordinaria. No obstante, aquí me refiero a las personas que dan señales de ser Freds en potencia. El mejor consejo que puedo darle es que preste atención a quienes hacen su trabajo con un toque de talento y estilo (pero sin dejarse confundir por los que alardean o hacen lo posible por llamar la atención). Un proyecto bien concebido, una reunión difícil manejada con tacto o hasta una sugerencia ingeniosa podrían indicar que hay un Fred en potencia justo frente a usted.

3. CONTRATAR FREDS

Cuando se hayan agotado sus "reservas de Freds", usted necesitará identificar a esas personas especiales mediante entrevistas. Las preguntas clave que debe formularles son las siguientes:

- ¿Quiénes son sus héroes? ¿Por qué?
- ¿Por qué alguien habría de hacer más de lo necesario?
- Mencione tres cosas que, en su opinión, agradarían a la mayoría de los clientes o consumidores.
- ¿Qué es lo más increíble que le ha sucedido a usted como cliente?
- ¿Qué es servicio?

Hay algunas preguntas que usted se debe plantear sobre un Fred en potencia:

- ¿Qué fue lo que más me llamó la atención de esa persona?
- ¿Qué es lo más extraordinario que ha hecho?
- ¿Qué tanto extrañarán a esta persona si decide renunciar a su puesto actual?

CONSTRUYA SU EQUIPO DE FREDS

En su opinión, qué es mejor: (a) ¿Un equipo común y corriente liderado por un Fred? (b) ¿Un equipo de Freds liderado por un individuo común y corriente?

Por lo menos para mí, la respuesta es "ninguna de las anteriores". Lo mejor es un equipo de Freds liderado por un Fred. Una organización —cualquiera que sea— solo puede maximizar el potencial del factor Fred cuando los líderes y los subalternos comparten los mismos valores y el mismo compromiso.

En el mundo hay muchísimas personas como Fred. El reto es encontrarlas, atraerlas y contratarlas. Cada uno de estos aspectos requiere una estrategia distinta, aunque los tres se complementan. Con el tiempo, usted logrará crear un equipo de Freds; en otras palabras, un equipo ganador.

10

Recompensar

Nadie puede volverse rico si no enriquece a los demás.

—ANDREW CARNEGIE

En su perspicaz libro *El gran principio del Management*, el doctor Michael LeBoeuf afirma que las exigencias y los ruegos no sirven para que los demás se comporten como quisiéramos. Según él, esto solo se logra por medio de recompensas.

Para el doctor LeBoeuf, la clave es recompensar la conducta correcta y utilizar las recompensas adecuadas.

Varios ejemplos le mostrarán cómo funciona esto.

EL AYUDANTE DE CAMARERO DE ATLANTA

Esta conmovedora y aleccionadora historia me la relató Jim Cathcart, autor de *The Acorn Principle* y director general de Cathcart Institute, Inc.

Hace varios años estaba yo de viaje y, en el aeropuerto de Atlanta, Georgia, me detuve en la sección de comida rápida para desayunar. En aquel lugar no cabía un alma más.

Mientras tomaba un café y disfrutaba de un panecillo, me fijé en un joven que estaba limpiando las mesas. Su aspecto era desgarbado y daba la impresión de ser un hombre derrotado. Al pasar de una mesa a otra, no parecía que caminara, sino que arrastrara con un gran peso. No hacía contacto visual con nadie. De solo verlo, empecé a deprimirme.

Me dije: "Alguien tiene que hacer algo por este joven". Y decidí que yo era la persona. Recogí mi bandeja y me dirigí a donde él estaba. Le toqué un hombro, lo que lo hizo retroceder como si hubiera sido pillado cometiendo un delito.

"El trabajo que haces aquí es importante", le dije.

"¿Qué?", respondió sorprendido.

Le repetí lo que le acababa de decir y agregué: "Si tú no hicieras este trabajo, en cinco minutos este lugar sería una pocilga y los clientes no volverían. Lo que tú haces es importante. Solo quería darte las gracias". Luego, salí.

El joven estaba absolutamente estupefacto (es probable que nadie le hubiera hablado así antes). Cuando me había alejado unos cuatro metros, me volteé y lo miré. Durante esos pocos segundos, ¡puedo jurar que había crecido 15 centímetros! Ahora estaba erguido, casi sonriente y hasta noté que miraba a los clientes a los ojos. No quiero decir que se hubiera convertido de un momento a otro en "El Rey del Servicio", derrochando simpatía por doquier. Sencillamente, ya no se veía deprimido y estaba trabajando con un poco más de eficiencia.

Lo que yo acababa de hacer no era una hazaña ni mis comentarios cambiaron el mundo... ¿o sí? Al hacerle notar a ese joven el efecto de su comportamiento, yo había contribuido a dignificar su trabajo. Reconocer que él era una persona valiosa había mejorado la opinión que él tenía de sí mismo.

Me fascina esa historia de Jim (que, evidentemente, se portó como un verdadero Fred) porque ilustra un principio clave: *cuando no vemos mayor significado en lo que hacemos, no le aportamos mayor valor a lo que hacemos.*

Jim ayudó a ese ayudante de camarero a captar cuán importante era su trabajo. El joven seguramente tuvo contacto ese día con cientos de viajeros que pronto interactuarían con muchas otras personas. No me cabe duda de que su cambio de actitud se transmitió a quienes lo rodeaban, y de que esa buena energía irradió a gente de lugares muy distantes. Esto es lo que sucede cuando el factor Fred interviene: incluso los gestos más insignificantes ayudan a convertir el mundo en un lugar mejor.

La intención también cuenta

Es tan importante recompensar a los Freds por las buenas intenciones como por los grandes logros. Muchas personas se abstienen de asumir el riesgo de hacer lo correcto porque temen ser castigadas. Nadie tiene éxito todo el tiempo y hasta los individuos más destacados y preparados fallan de vez en cuando. Para los empleados es primordial saber que asumir el riesgo de hacer lo correcto será recompensado y no castigado. Cuando percibimos que nuestros aportes no son apreciados, dejamos de esforzarnos. Y cuando eso ocurre, la posibilidad de innovar se esfuma.

Cómo implementar la estrategia de recompensas

Piense detenidamente en toda su organización o, por lo menos, en las áreas sobre las que usted ejerce alguna influencia. Recompensar a la gente no es difícil. Lo único que debe hacer, de manera sistemática, es lo siguiente:

- Asegurarse de que todos los miembros de su equipo sepan que están contribuyendo, o que tienen la capacidad de contribuir, de un modo importante.
- Explicarles a los miembros de su equipo qué clase de diferencia están marcando. Sea específico. Refiérase al aumento de la producción, a los resultados de las ventas, a comentarios elogiosos de personas ajenas a la compañía, a sugerencias creativas, a los mayores niveles de motivación y entusiasmo. Es decir, a todo lo que sea pertinente.
- Asegurarse de que la retroalimentación positiva que les dé a los miembros de su equipo sobre el trabajo que realizan no sea la excepción, sino la regla.
- Crear un premio; por ejemplo, un trofeo, una placa o, incluso, cierta cantidad de dinero. Si opta por un premio en dinero, debe ser moderado para que no parezca un soborno. Otra posibilidad es dar varios premios al mes, si varias personas lo merecen.
- Pedirle al director ejecutivo —o al presidente de la organización— que entregue personalmente los premios. O pedirle que, a través de una nota o de una llamada telefónica, le haga saber al ganador que está enterado de su aporte y que lo aprecia sinceramente.

Tenga presente la fórmula de la recompensa y aplíquela a menudo: reconocer los aportes, reforzar sus efectos positivos en el negocio y hacerlo con frecuencia. Recuerde que elogiar sinceramente el esfuerzo realizado —por escrito y oralmente, en público y en privado— es una de las mejores recompensas que existen.

11

Educar

Cuanto más inteligente eres, tanto más debes aprender.

—DON HEROLD

¿Qué les está enseñando su organización a los empleados y qué tan bien se lo está enseñando?

Quien solo aprende habilidades corrientes no pasa de ser un individuo *común y corriente*. Hoy, todas las organizaciones del mundo deben enseñarles a sus empleados a ser *extraordinarios*.

Por lo regular, todos los gerentes y los líderes del mundo se adhieren a los conceptos que he expuesto a lo largo de este libro o, por lo menos, eso *dicen*. Pero lo curioso es que solo en muy pocas ocasiones he sabido que gerentes u organizaciones enseñen los principios que constituyen la esencia de *El factor Fred*. Mi sugerencia es enseñar de manera consciente a pensar y a desempeñarse como un Fred.

La diversión forma parte de la filosofía del factor Fred. De hecho, es lo que hace interesante y emocionante el trabajo, no solo para quien lo realiza, sino también para los clientes y los compañeros.

Un beneficio inesperado de enseñar este tipo de cosas es que usted se convertirá en un mejor gerente o líder y, por supuesto, en un mejor ser humano. Veamos cómo lograrlo.

1. Buscar ejemplos en todas partes

¿En qué se fija usted cuando está de vacaciones? Si es fotógrafo, seguramente está atento a cualquier oportunidad de tomar una hermosa fotografía. Si es músico, posiblemente le presta particular atención a la música de fondo del sitio donde se encuentra. En resumen: nuestros intereses determinan en gran parte el foco de nuestra atención.

A medida que crezca su interés por cultivar el arte de lo extraordinario en usted y en los demás, se percatará de más y más ejemplos. No solo notará muchas cosas pequeñas hechas de un modo excepcional y reconocerá en quienes las hacen a seres extraordinarios, sino que se fijará en personas que son, claramente, la antítesis de un Fred. Y entonces pensará: "Este es un buen ejemplo de lo que no hay que hacer".

Registre por escrito todas las ideas y los ejemplos. Subraye los que encuentre mientras lee. Marque artículos digitales como favoritos. Coloque todos esos apuntes y esos recortes en un álbum y pronto tendrá una buena cantidad de elementos para poner en práctica, pues no son ficticios ni abstractos. No hay nada tan estimulante como los ejemplos que provienen de nuestra propia experiencia y los que observamos a través de la experiencia de los demás.

Rete a los miembros de su equipo a que den ejemplos. Comience y termine las reuniones con la pregunta: "¿Quién creen ustedes que se ha comportado últimamente como un Fred?". Incluso podría crear un concurso amistoso llamado "El Fred de la semana", que tendría un premio y el anuncio del ganador en un lugar visible.

2. ANALIZAR, ADAPTAR Y APLICAR

Los cambios positivos no suelen durar, a menos que comprendamos la razón por la que se produjeron. Cuando no reflexionamos sobre lo que sucedió, ni siquiera los mejores ejemplos repercuten en nuestra vida.

Lo importante es alcanzar cuatro objetivos: (1) identificar la idea valiosa que contiene el ejemplo, (2) adaptar esa idea a la propia situación, (3) pensar cómo se podría mejorar y (4) identificar oportunidades para aplicarla.

El proceso es como sigue:

- *Identificar la buena idea.* ¿Por qué considera valioso ese ejemplo? ¿Cómo lo hizo sentir? ¿Por qué piensa que ese es un ejemplo de lo que *no* hay que hacer? ¿Cuál es la idea básica?
- *Adaptar la idea a la propia situación.* ¿Funcionaría esa idea en su caso? ¿Cómo? ¿Qué tendría que hacer usted, o qué tendría que hacer de una manera distinta, para que ese ejemplo le sea útil?
- *Pensar cómo se podría mejorar.* ¿Qué haría usted de un modo distinto? ¿Qué podría hacer para que esa idea fuera aun más atractiva para sus clientes?
- *Identificar oportunidades para aplicarla.* ¿Cuándo podría implementar esa idea? ¿Dónde? ¿Con quién? ¿Cuándo empezará a aplicarla?

3. Enseñar a obrar milagros

Al preguntarle a mi amigo el conferencista Don Hutson cuál es el origen de las acciones "milagrosas" de la gente y las organizaciones, él responde: "Los momentos de crisis". En concepto de Don, no hay nada tan eficaz como las crisis para ayudarnos a centrar la atención e impulsarnos a superar nuestras limitaciones.

Pero el punto fundamental del mensaje de Don no es ese, sino este: ¡No hay que esperar a que llegue una crisis! Debemos hacer milagros con regularidad. Don ha llegado a la conclusión de que la mayoría de los "milagros" los realizan individuos de corazón grande y espíritu generoso, lo que —no es de sorprenderse— constituye la esencia de las personas "estilo Fred".

¿Es usted de los que obran milagros con regularidad? ¿O es de aquellos que se desempeñan de un modo extraordinario solo en épocas de crisis? Enseñe el factor Fred como una manera de obrar milagros todos los días. (La magnitud del milagro es menos importante que la frecuencia.)

4. Atraer sin presionar

No podemos darle a nadie la orden de comportarse como un Fred ni podemos exigirle a nadie que ponga en práctica el factor Fred. Desde luego que podemos intentarlo, pero no dará resultado. Las órdenes y el control desvirtúan la esencia del factor Fred, que tiene que ver con las oportunidades, no con la obligación.

Lo que usted puede hacer es invitar a otras personas a unírsele. En otras palabras, no presione; más bien, atraiga. Dirija su entusiasmo y su compromiso a lograr el interés y la participación de los demás. La herramienta más poderosa con que usted cuenta para propagar el factor Fred en su organización es el ejemplo que da con su comportamiento y el efecto que este ejerce en los demás.

Las personas más idóneas para enseñar la actitud tipo Fred suelen ser los Freds. Ellos aplican estos principios cuando enseñan, capacitan y ayudan a otros. Al fin y al cabo, como dice John Maxwell: "Enseñamos lo que sabemos, pero contagiamos lo que somos".

12

Demostrar

El sermón más eficaz se predica con la vida, no con los labios.

—OLIVER GOLDSMITH

¿Tiene algún amigo o conocido cuyo ejemplo sea fuente de inspiración para usted?

Yo tengo un amigo que vive en una ciudad adonde mi esposa y yo viajamos con frecuencia para visitar a nuestros parientes. Él es la personificación del caballero sureño. Hombre de empresa altamente exitoso, pilotea su propio avión y posee una casa y unos muebles que reflejan su exquisito gusto. Pero a pesar de los lujos que se puede dar, es un ser humano humilde y genuino.

Cada vez que voy a su ciudad, almorzamos juntos. Y cada vez que él se entera de que yo iré, me pregunta: "¿Cómo te puedo ayudar mientras estés aquí?".

¿No es esta, acaso, la pregunta esencial que los Freds del mundo entero les formulan, bien en voz alta o bien en silencio, a quienes sirven o conocen?

Algunos seguramente hacen esa pregunta de forma superficial, pero por el carácter y el comportamiento de mi amigo, sé que él es sincero. Si yo le respondiera que necesito un automóvil para poderme mover en la ciudad, sé sin el menor asomo de duda que me prestaría uno de los suyos o que conseguiría uno para prestarme. Así es él.

No obstante, mi amigo no se limita a hacer que mi visita sea más agradable, sino que me sirve de ejemplo para tratar de actuar de un modo parecido al suyo, para intentar ser como él. Aunque nunca me ha dado lecciones ni consejos sobre cómo ser más útil o más "Fred", ha hecho más que cualquier otra persona por despertar ese deseo en mí.

El ejemplo de su vida es fuente de inspiración para mí.

La pregunta mágica

¿Qué podría hacer usted para darles ejemplo a sus empleados y motivarlos para que sirvan mejor a los clientes, a los proveedores y a sus compañeros?

A continuación, me permito hacerle cuatro sencillas sugerencias:

1. Motive; no intimide. Cuando comparto la historia de Fred el Cartero con quienes asisten a mis conferencias, la reacción que más me gusta es: "¡Caramba! ¡Yo también podría ser así!".

Si Fred diera la impresión de ser sobrehumano o inherentemente extraordinario, no motivaría a la gente, sino que la intimidaría. Fred inspira, motiva a personas como usted y yo porque es un tipo común y corriente que, no obstante, realiza su trabajo de una manera extraordinaria.

El ejemplo que usted dé tiene que ser realista y alcanzable. Si usted da la impresión de tener un bagaje genético que le permite desempeñarse de un modo excepcional, quienes piensen que carecen de esas condiciones genéticas ni siquiera se darán la oportunidad de intentarlo.

2. Haga que otros participen. Piense en la posibilidad de formar un equipo estilo Fred. Ninguna regla dice que el factor Fred no aplica a grupos, sino solo a individuos.

Hace muchos años, un amigo mío se enteró de que una familia conocida no tenía los medios para preparar una cena especial el Día de Acción de Gracias, así que decidió comprar todo lo necesario y enviarlo a ese hogar la víspera del gran día.

Poco antes del Día de Acción de Gracias del año siguiente, mi amigo me propuso que nos uniéramos para hacer una buena obra por alguna familia necesitada. Fue una linda experiencia y, desde entonces, todos los años invito a otras personas a colaborar conmigo en actividades similares.

Invitar a participar ejerce un impacto poderoso y es mucho más eficaz que ordenar o sugerir.

¿Cómo podría usted lograr que otras personas participen en actividades "estilo Fred"?

3. Dé el primer paso. No espere a que llegue el momento "correcto"; ese momento nunca llegará. Tampoco espere a que otra persona se le adelante; eso es posible, pero no seguro. Y no espere a que aparezca la oportunidad perfecta; más bien, aproveche cualquier oportunidad y conviértala en algo perfecto.

Si aspira a marcar la pauta para que su organización se destaque por su extraordinario desempeño, usted debe dar el primer paso. En otras palabras, debe actuar. Con audacia y rápidamente.

No actúe como un Fred para buscar reconocimiento; hágalo para generar participación. Cuando usted dé el primer paso, le garantizo que otros seguirán su ejemplo.

4. Improvise. Si yo tuviera que asignar a los lectores una tarea realmente eficaz para enseñarles lo que es el factor Fred, les pediría que asistieran a un espectáculo de comedia improvisada. Lo más interesante de esas comedias es que demuestran que es posible encontrarle el lado divertido a cualquier circunstancia. Al igual que en la vida real, la situación no determina el resultado. Los participantes lo determinan.

Aproveche lo que la vida le da. Usted se puede convertir en un ejemplo positivo, no a causa de su situación, sino ¡a pesar de ella!

Tal vez su trabajo es el menos apasionante de este planeta. Sin embargo, esa circunstancia no le debe impedir reinventarlo y reinventarse a sí mismo. Durante el proceso de improvisación —probar nuevas cosas para ver qué funciona— usted posiblemente logrará que su trabajo (o su relación o su situación) sea más interesante. E incluso si eso no ocurre, ¡por lo menos no se habrá aburrido!

Olvídese del dicho: "Los que pueden, hacen; los que no pueden, enseñan". Esta estúpida afirmación no solo es ofensiva para los profesionales de la educación, sino, con pocas excepciones, absolutamente falsa.

¿Cuál es la realidad? Los que hacen mejor las cosas son los que enseñan mejor. Las personas cuya vida constituye una lección son las que más influyen en la vida de los demás.

Cuando los que saben tienen la posibilidad de demostrarlo, los que aprenden tienen la posibilidad de crecer. De esto se trata, precisamente, la educación para ser un Fred.

UNA CADENA DE FREDS

Ahora que estoy convencido de que usted desea ser un Fred, le daré a conocer tres maneras de contribuir a que el mundo se llene de esta clase de personas:

1. Reconocer a los Freds que hay en su vida. Reflexione sobre su pasado. ¿Qué Freds —parientes, maestros, pastores, rabinos, amigos y otras personas— han marcado la diferencia más significativa en su vida? Quizás fue alguien a quien usted conoció ayer en su empresa. Sea quien sea, nunca debemos tomar a la ligera las cosas extraordinarias que la gente ha hecho, y hace, por nosotros.

2. Agradecer a los Freds su contribución. Cuando tenga claro quiénes han sido los Freds de su vida, búsquelos y hágales saber cuánto agradece lo que hicieron por usted. Escríbales a todos una carta o una nota. O envíeles un regalo. Postúlelos para el Premio Fred (para mayores detalles, ver www.fredfactor.com). Asegúrese de que sepan cuánto los valora y cuán agradecido está con ellos.

3. Retribuir a los Freds. Lo único mejor que el reconocimiento es la acción. Haga algo extraordinario y dedíqueselo a alguien que haya sido ejemplo e inspiración para usted.

Fred el Cartero desató una reacción en cadena, que se inició en mi vida y en la de sus clientes. Él ha influido en los cientos —o quizás miles— de personas con las que he compartido su historia. Pero pensemos por un momento en la gente que debió de influir positivamente en la vida de este ser excepcional. La reacción en cadena sin duda se inició mucho antes de que Fred empezara a repartir el correo en mi calle.

Poner en práctica el factor Fred no cura el resfriado ni logra que haya paz en este planeta, pero sí mejora la vida de mucha gente y produce paz en el rinconcito del mundo donde nos ha correspondido vivir.

¿No le parece maravilloso saber que usted tiene la capacidad de mostrarles a quienes lo rodean cómo volver extraordinario lo ordinario?

CUARTA PARTE

EL SECRETO DE LOS FREDS: HACER TODO CON EL CORAZÓN

13

¿Qué ha sido de Fred?

Somos lo que hacemos una y otra vez. Por lo tanto,
la excelencia no es una acción sino un hábito.

—ARISTÓTELES

Fred Shea se retiró el 3 de julio de 2013. Cuando el libro fue publicado por primera vez y durante muchos años más, Fred continuó repartiendo el correo de una manera excepcional. Ahora continúa haciendo un trabajo increíble dándole amor a su familia, ayudando a otros y siendo un ejemplo de lo extraordinario.

Hace poco, el Servicio Postal de los Estados Unidos le ofreció un homenaje en reconocimiento al servicio que durante tantos años ha prestado. Yo tuve el honor de pronunciar un discurso ante sus colegas.

Fred estaba allí con Kathie, su esposa, y otros miembros de su familia. Sus compañeros de trabajo estaban visiblemente orgullosos de él y de ese reconocimiento a sus méritos. Tras muchos años de hablar en público acerca de Fred, sentí una gran satisfacción al ver que, finalmente, recibía de su jefe el homenaje de gratitud y los elogios que tanto merecía, y que sus clientes nunca dejamos de prodigarle a lo largo de los años.

Un canal televisivo de Denver cubrió el evento y, más tarde, un noticiero presentó un reportaje especial sobre Fred. La cámara lo acompañó a repartir el correo, y la historia incluyó breves entrevistas con "clientes" que, sin excepción, expresaron admiración y agradecimiento.

Gracias a ese programa de televisión, mucha gente se enteró de que yo soy el autor del libro sobre el factor Fred y el conferencista que suele contar su historia. Además, recibí llamadas telefónicas y mensajes electrónicos con un tema que se repetía incesantemente: "Yo también conozco a Fred y usted tiene razón; ¡él es extraordinario!".

Una señora cuyo hogar estaba en la ruta de Fred me llamó para relatarme la siguiente historia. Ella, una madre soltera, había vivido muchos años en Washington Park. Había criado y educado a su hija sin ayuda, y Fred había sido el encargado de entregarle la correspondencia desde que su hija era pequeña hasta que se convirtió en una mujer adulta.

Un día, la abuela estaba de visita y, como ocurre a menudo, no midió sus palabras a la hora de criticar la forma como su hija había educado a su nieta, ya mayor. La señora se molestó mucho con su madre y, cuando Fred llegó con el correo, sintió la necesidad de desahogarse con él.

Después de escucharla, Fred fue contundente: "Yo vi cómo educó usted a su hija desde que era pequeñita hasta que se volvió toda una mujer, y le aseguro que ha sido una madre excelente. Su hija es una muchacha maravillosa y no hay razón para que se sienta culpable. Más bien, ¡debería sentirse orgullosa de la labor que ha hecho como madre!".

Esas palabras marcaron una inmensa diferencia para esa señora. Lo único que ella necesitaba para dejar de sentirse abatida era un poco de aliento de alguien a quien ella conocía y en quien confiaba. Y esa persona era Fred, el Cartero.

Para Fred, esa señora no era simplemente un cliente más. Él había construido a través de los años una amistad que le permitía a esa madre soltera confiar en él. Así pues, cuando llegó ese momento difícil, Fred pudo ayudarle a ver la situación en perspectiva y, por ende, a tranquilizarse.

Hay otros detalles sobre la vida de Fred que quisiera compartir con los lectores. Él empezó a interesarse en la música a los ocho años y, ya adolescente, se convirtió en el baterista de una banda. Una noche, conoció a Kathie durante una presentación.

Debido a su interés en la música, uno de los pasatiempos de Fred es reparar baterías, que luego dona a los departamentos de música de las escuelas. Una vez, el director de la banda de una escuela cercana lo llamó, preocupado, para contarle que todos sus bateristas estaban desertando. Fred hizo un diagnóstico correcto del problema: como solo tenían tambores militares pequeños, los chicos se aburrían en la banda.

Eso fue lo que motivó a Fred a empezar a reparar tambores y baterías, una labor que realiza en las escuelas con ayuda de los alumnos y a la que dedica dos horas tres veces a la semana. Además, durante esos ratos les permite a los chicos tocar los instrumentos y practicar. ¿Qué otra cosa se podía esperar de él?

¿Por qué Fred es "un Fred"?

Ahora que usted sabe qué hace Fred y cómo lo hace, es hora de que sepa por qué lo hace.

A pesar de que conozco a Fred hace muchos años, nunca le he formulado la pregunta más importante: "¿Por qué hace lo que hace?". Al fin y al cabo, el excepcional trabajo que realiza como cartero no lo ha hecho rico ni famoso.

Así que decidí preguntarle. Sus respuestas fueron concisas, pero cuidadosamente pensadas. Fred es de esas personas que necesitan sentir que su vida tiene un propósito. Él se conoce y sabe qué lo motiva. En resumen, lo que lo impulsa a ser "un Fred" es:

1. *El bienestar que le produce hacer el bien.* "Yo necesito sentirme bien conmigo mismo todos los días, y eso lo logro sirviendo a la gente lo mejor que puedo", dijo.

Para Fred, servirles a los demás es gratificante. Él descubrió un secreto: hacer el bien nos hace sentir bien. Buscar sentirse bien como medio para llegar a un fin no funciona. Como han sabido los filósofos y los teólogos durante siglos, servir a los demás no es solo lo correcto por hacer; también es gratificante.

2. *Un compromiso personal.* Fred continuó respondiendo mis preguntas con estas palabras: "Yo soy mi peor crítico. No sé si soy un perfeccionista, como me han dicho. Lo que ocurre es que siento una inmensa necesidad de hacer las cosas de la mejor manera posible. Acostumbro ayudar a personas que no siempre se dan cuenta de lo que hago por ellas. Pero aunque nadie más lo sepa, yo sí lo sé. Mi compromiso personal es hacer todo de la mejor manera posible. Y, ¿sabe algo? No quita mucho tiempo ni energía hacer lo que yo hago".

Fred es un ejemplo de esfuerzo generoso combinado con corazón. Si solo fuera un perfeccionista, su influencia en la gente no sería la misma. Pero él se preocupa tanto por las personas a las que sirve como por hacer bien su trabajo. Y esto representa todo un mundo de diferencia.

3. El deseo de que sus clientes sientan que él es su amigo. Nadie duda de que Fred presta un servicio de primera clase. Irónicamente, lo logra porque no piensa que está "sirviendo al cliente".

"Deseo llegar a casa por las noches sintiendo que hice todo lo que estuvo a mi alcance para ayudar a mi gente", dice Fred. "No los veo como clientes, sino como amigos que aprecian la ayuda que les brindo para que su vida sea un poco más fácil".

Cuando está repartiendo el correo, Fred coloca en el sitio adecuado los periódicos que encuentra esparcidos en las aceras y el material publicitario que encuentra atascado bajo las puertas. Incluso coloca en sitios menos visibles las cajas y demás artículos reciclables; de este modo, el exterior de las casas se ve más pulcro y los ladrones no se percatan de que no hay nadie en casa.

4. El efecto positivo que tiene en los demás. Es fácil pensar que Fred espera las muestras de gratitud que tanta gente le dispensa. Pero él no es así. En relación con este libro y la atención de que ha sido objeto, dice: "Me siento abrumado".

Fred nunca esperó homenajes ni manifestaciones de gratitud. Él ha actuado —y sigue actuando— de esa manera por la sencilla razón de que siente que es lo correcto. La atención que su excepcional servicio le ha reportado nos puede parecer normal a usted y a mí. Sin embargo, a él lo ha sorprendido.

Lo importante para Fred no son los premios ni las demostraciones de gratitud. Lo que tiene valor para él es hacer su trabajo de la mejor manera y servir a los demás.

"No toma mucho tiempo hacer sonreír a la gente. Mi recompensa es ver una sonrisa en el rostro de alguna persona durante mi recorrido para entregar la correspondencia", dice.

5. Su convicción de que hay que vivir de acuerdo con la regla de oro. Fred ha advertido que su actitud frente a la vida no es común en la actualidad. "Nuestra cultura ha hecho que la mayoría de la gente solo piense en sí misma. Yo procuro hacerles la vida un poco más fácil a los demás. Para mí, todo se basa en algo tan sencillo como vivir de acuerdo con la regla de oro: tratar a los demás como quisieras que ellos te trataran a ti".

6. *Su deseo de no desperdiciar ni un solo instante.* Le pregunté a Fred: "¿Cuál sería el último consejo que les darías a los lectores de este libro?".

Fred no dudó. "Enfrentar cada día como el nuevo día que es, y hacer que hoy sea mejor que ayer. Hasta en mis días de descanso tengo metas y siento que debo hacer muchas cosas. Si siento que he desperdiciado el día, no duermo bien esa noche".

Ese es el *modus operandi* de Fred. Él no actúa así para ganar premios, merecer aumentos de sueldo o hacer subir el valor de las acciones en la Bolsa. Él practica el arte de convertir lo ordinario en extraordinario por su compromiso personal de sacar el máximo provecho de cada día.

14

El espíritu de un verdadero "Fred"

El Día del Juicio no nos preguntarán qué leímos, sino qué hicimos.

—THOMAS À KEMPIS

El factor Fred se basa en la historia de un cartero extraordinario. Desde luego, el espíritu que Fred ejemplifica ha estado presente en los hombres, las mujeres y los niños a lo largo de toda la historia. Pero mientras que algunos alcanzaron el reconocimiento público y pasaron a la historia, otros no fueron conocidos pues realizaron su trabajo silenciosamente y en total anonimato.

¿Cuáles son las personas que más recordamos? Las que vivieron para servir a la gente. Lo que más nos impresiona no es lo que la gente gana, sino lo que da; no es lo que conquista, sino aquello con lo que contribuye. Todos los Freds tienen un propósito común cuyo origen es el espíritu de generosidad que nos ha acompañado desde el comienzo de los tiempos.

Lo más importante de todo

Era el primer día de *kindergarten* de mi hijo Hunter, e íbamos caminando juntos a la escuela. Faltando poco para llegar, me preguntó: "Papá, ¿qué es lo más importante de todo?". Me impresionó que un chiquillo de cinco años tuviera la capacidad de pedir un consejo de esta clase. Después de pensar durante un momento, empecé a hablarle sobre la importancia de obedecerles a los maestros, de aprender lo más posible y de tratar bien a los compañeros. Pero antes de terminar, Hunter me interrumpió.

"P-a-a-a-p-á-á-á", golpeó la palabra demostrando desaprobación. "Lo más importante de todo es el amor".

La respuesta de Hunter me dejó atónito. Parecía estarme pidiendo un simple consejo; sin embargo, estaba reflexionando profundamente.

Si usted me preguntara qué es lo más importante del factor Fred, yo le daría la misma respuesta. *Lo más importante de todo es amar a los demás.* Pero no estoy hablando de un amor irreal del tipo "Yo amo al mundo", sino de una generosidad de espíritu que se refleja en lo que hacemos tanto por nuestros conocidos como por los extraños.

Yo he aprendido que esa generosidad de espíritu se manifiesta básicamente en nuestras acciones. Comportarnos bondadosamente con las personas que no nos gustan es algo que todos podemos hacer, aunque no nos produzca especial emoción, porque sabemos que es lo correcto.

Así pues, para mí la generosidad de espíritu es la decisión de tratar a los demás con dignidad y consideración, sean cuales sean nuestros sentimientos hacia ellos.

Desde luego que es mucho más fácil ser generoso de espíritu con las personas de temperamento agradable. Pero serlo en circunstancias negativas o con gente cuyo comportamiento nos disgusta es uno de los grandes retos que nos plantea la vida.

La Madre Teresa dedicó su vida al cuidado de los leprosos, los enfermos y los desposeídos de este mundo. Y la consideramos santa.

Marva Collins ha quedado grabada en mi memoria como una mujer que realmente se interesaba por sus alumnos. Hace años puso en marcha, en Chicago, un programa para que ninguno de sus estudiantes fracasara en la escuela. A pesar de que algunos de ellos seguramente le producían ira y hasta frustración, nunca dejó de ayudarles.

Cuanto más nos preocupamos por los demás —o sea, cuanto más hacemos aquello que enriquece su vida y los hace sentir tratados con dignidad— tanto más fácil es que nos lleguen a gustar. La gente se vuelve más agradable cuando se siente querida.

La mayor parte de este libro ha versado sobre el *qué* y el *cómo* del factor Fred. Pero es crucial entender el *por qué* a fin de no darse por vencido ni cansarse de este viaje. El *por qué* es lo que nos sostiene y nos guía.

Fred el Cartero se interesa de verdad por sus clientes y compañeros. Esto se evidencia en la manera generosa y amable como realiza su trabajo diario; en su deseo permanente de facilitarles la vida a los demás. Por eso, Fred hace una labor extraordinaria.

Este libro es una breve historia de un Fred particular: el que repartía la correspondencia en mi calle y se convirtió en mi amigo. No obstante, en la historia ha habido muchos Freds.

Hasta la acción más ordinaria se vuelve extraordinaria cuando le ponemos corazón. Y lo que hace que cualquier vida sea extraordinaria es vivirla con amor.

Este es el secreto del factor Fred.

Apéndice

El boletín de calificaciones de un "Fred"

Valore lo que tiene.

¿Le gustaría saber cuánto ha avanzado en su empeño de convertirse en "un Fred"? El boletín de calificaciones que he diseñado no solo le permitirá evaluar sus progresos, sino que le servirá de recordatorio de los elementos clave para alcanzar su propósito. Utilícelo para mantenerse enfocado en el proceso.

1. TOMA DE CONCIENCIA

La falta de conciencia impide que veamos lo que es importante. En cambio, tomar conciencia aumenta la probabilidad de vivir conforme a nuestros más preciados valores.

En este caso, tomar conciencia se refiere a convertir el ejemplo de Fred en un modelo de comportamiento positivo. Significa familiarizarse completamente con los cuatro principios sobre los que trata el capítulo 3: (1) Todos, sin excepción, marcamos una diferencia; (2) El éxito se basa en las relaciones; (3) Continuamente debemos crear valor para los demás sin que cueste un centavo, y (4) Todos tenemos la capacidad de reinventarnos con regularidad.

2. AGENDA

Su agenda es su plan de acción. Representa su decisión de hacer las cosas que usted considera importantes. Uno puede saber algo, pero no hacer nada al respecto. La agenda le ayudará a pasar del conocimiento a la intención.

Revise su lista diaria de cosas por hacer. ¿Incluye el tipo de tareas que agregan valor a su trabajo? ¿Que contribuyen a establecer mejores relaciones? ¿Que marcan una diferencia positiva en el mundo?

Su agenda responde la pregunta: ¿Qué estoy planeando hacer para convertirme en un Fred?

3. ACTITUD

Fíjese en esto tan interesante: usted puede hacer lo correcto, pero si lo hace por una razón equivocada o con una actitud incorrecta, sus esfuerzos no surtirán efecto.

Lo que no funciona: comportarse como "un Fred" porque piensa que debe actuar así. *Lo que sí funciona:* comportarse como "un Fred" porque desea actuar así.

La actitud influye en todo lo que usted y yo hacemos en la vida.

Una actitud positiva hace que veamos todo lo que hacemos como una oportunidad y no como una obligación.

Una actitud positiva hace que veamos los aspectos más favorables de todas las circunstancias y no los más desfavorables.

Una actitud positiva hace que pensemos que "podemos" y no que "debemos".

Una actitud positiva se basa en la esperanza y no en el pesimismo.

Y si desea saber cuáles son los efectos de tener una actitud positiva, vuelva a leer el capítulo 2: "El primer Fred".

4. Acción

Cuando no va seguida de la acción, la intención es solo un sueño. Lo que marca la diferencia no es lo que queremos hacer ni lo que planeamos hacer, sino lo que realmente hacemos.

¿Qué relación hay entre su intención de parecerse a Fred y sus acciones cotidianas?

5. Logros

Si cree que la acción es la última categoría del boletín de calificaciones, está equivocado. Aún le falta evaluar sus logros.

¿Por qué será que, haciendo lo mismo o casi lo mismo, algunas personas tienen más éxito que otras? A menudo sus acciones muestran sutiles diferencias.

Evaluar los logros sirve para ajustar nuestras acciones, de modo que obtengamos mejores resultados.

¿Está usted logrando aquello a lo que aspiraba? ¿El tiempo y la energía que ha invertido en convertirse en un Fred han tenido un buen efecto en otras personas? ¿En usted?

Si obtiene menos de A en esta categoría, piense qué posibilidades hay de mejorar. Para eso, regrese a toma de conciencia, agenda, actitud y acción.

Por supuesto, habrá ocasiones en que sus esfuerzos marcarán una diferencia increíblemente positiva en la vida de otras personas, aunque usted nunca se llegue a enterar. Así que no se juzgue demasiado duro. Su empeño en hacer las cosas de la mejor manera posible indudablemente está enriqueciendo otras vidas.

EL BOLETÍN DE CALIFICACIONES GRUPAL

- ¿Están conscientes los miembros de su grupo de que todos, sin excepción, marcan una diferencia?
- ¿Saben todos cómo construir relaciones?
- ¿Saben todos cómo crear valor?
- ¿Se dan cuenta los miembros de su grupo de lo mucho que podrían reinventarse a sí mismos y a su negocio mediante la innovación y un compromiso entusiasta y sincero?

AGRADECIMIENTOS

El verdadero Fred el Cartero —Fred Shea— sigue siendo un motivo de inspiración para mí. A él le agradezco el hecho de ser ese extraordinario ejemplo de servicio y el haberme permitido compartir su historia con los lectores.

WaterBrook Press está llena de amigos míos. A Don Pape le doy las gracias por haber creído en este libro y a Bruce Nygren, por su asistencia editorial.

Son muchos los amigos de la Asociación Nacional de Conferencistas que me han aportado conocimientos y alentado a lo largo de los años. Ser miembro de esta organización ha enriquecido mi vida personal y profesional. No puedo mencionarlos a todos, pues son muchísimos, pero ustedes saben quiénes son. Quiero que sepan cuán agradecido estoy con ustedes.

Darla, mi esposa, ha sido mi mayor admiradora y su apoyo ha sido invaluable. No solo ha leído muchos manuscritos y escuchado innumerables conferencias, sino que ha demostrado una paciencia infinita con mis constantes viajes. Ella cuenta con mi amor y mi gratitud imperecederos.

Finalmente, a todas las personas —algunas de las cuales conozco y otras de las que solo he oído hablar— que viven diariamente el espíritu del factor Fred y hacen más llevadera y agradable la vida de los demás, mi agradecimiento de corazón.